大川隆法
Ryuho Okawa

小保方晴子さん守護霊インタビュー

それでも「STAP細胞」は存在する

本霊言は、2014年4月8日、幸福の科学総合本部にて、
質問者との対話形式で公開収録された（写真上・下）。

まえがき

本日の午後一時から小保方晴子さんが記者会見するという日の午前中に、緊急出版用にこの本の「まえがき」を書いている。本人が弁護士をまじえてどのように反論するのかはまだ定かではないが、本書の記録は前日の四月八日午後に、幸福の科学総合本部で、緊急公開守護霊インタビューとして行《おこな》ったものである。

小保方さんの守護霊で、ヨーロッパに生まれた女性研究者らしき方を窓口にして語られているが、おそらくキュリー夫人的な方かと思われる。そしてその実体は、本書を読んで頂けるとわかる通りの、偉大な科学者である。私たちは

「理研」とは違って宗教法人であるが、ある人の魂の素性《すじょう》・傾向性を見分け、その「筋《すじ》」を判定する能力においては、ジャーナリストや裁判官に後《おく》れをとることはないと確信している。この人を抹殺《まっさつ》してはいけない。今は、護《まも》り、見守り、育てることが大切だ。わが国の宝だと思う。

二〇一四年　四月九日

幸福《こうふく》の科学《かがく》グループ創始者兼総裁《そうししゃけんそうさい》　大川隆法《おおかわりゅうほう》

小保方晴子さん守護霊インタビュー
それでも「ＳＴＡＰ細胞」は存在する

目次

小保方晴子《おぼかたはるこ》さん守護霊《しゅごれい》インタビュー
それでも「STAP《スタップ》細胞《さいぼう》」は存在する

二〇一四年四月八日　収録
東京都・幸福の科学総合本部にて

2 「捏造疑惑《ねつぞうぎわく》」に反論する　33

「霊言現象《れいげん》」とは、あの世の霊存在の言葉を語り下ろす現象のことをいう。これは高度な悟《さと》りを開いた者に特有のものであり、「霊媒現象《れいばい》」（トランス状態になって意識を失い、霊が一方的にしゃべる現象）とは異なる。外国人霊の霊言の場合には、霊言現象を行う者の言語中枢《ちゅうすう》から、必要な言葉を選び出し、日本語で語ることも可能である。

また、人間の魂《たましい》は原則として六人のグループからなり、あの世に残っている「魂の兄弟」の一人が守護霊《しゅごれい》を務めている。つまり、守護霊は、実は自分自身の魂の一部である。したがって、「守護霊の霊言」とは、いわば本人の潜在《せんざい》意識にアクセスしたものであり、その内容は、その人が潜在意識で考えていること（本心）と考えてよい。

なお、「霊言」は、あくまでも霊人の意見であり、幸福の科学グループとしての見解と矛盾《むじゅん》する内容を含《ふく》む場合がある点、付記しておきたい。

小保方晴子《おぼかたはるこ》さん守護霊《しゅごれい》インタビュー
それでも「STAP《スタップ》細胞《さいぼう》」は存在する

二〇一四年四月八日　収録
東京都・幸福の科学総合本部にて

小保方晴子《おぼかたはるこ》（一九八三〜）

細胞《さいぼう》生物学者。独立行政法人理化学研究所（理研）のユニットリーダー。千葉県松戸市《ちばけんまつどし》出身。早稲田《わせだ》大学理工学部卒業・同大学院修了《しゅうりょう》。工学博士。ハーバード大学医学部に留学経験を持つ。二〇一四年一月、「STAP《スタップ》細胞（刺激惹起性多能性獲得細胞《しげきじゃっきせいたのうせいかくとくさいぼう》）の作製方法を確立した」という論文を、英科学誌「ネイチャー」に共同で掲載《けいさい》し、一躍《いちやく》、脚光《きゃっこう》を浴びた。

質問者　※質問順

綾織次郎《あやおりじろう》（幸福の科学上級理事兼《けん》「ザ・リバティ」編集長兼幸福の科学大学講師※）

斉藤愛《さいとうあい》（幸福の科学理事兼宗務《しゅうむ》本部第一秘書局長兼学習推進室顧問《こもん》）

呉晴恵《ごはるえ》（「ザ・リバティ」編集部）

［役職は収録時点のもの］

※幸福の科学大学（仮称）は、2015年開学に向けて設置認可申請中につき、大学の役職については就任予定のものです。

1 〝渦中《かちゅう》の人〟小保方晴子《おぼかたはるこ》さんの守護霊《しゅごれい》に訊《き》く

「魔女狩《まじょが》り」や「異端審問《いたんしんもん》」のようなバッシング

大川隆法 いつものことながら、リスクをおかすのが好きな私《わたくし》であり、幸福の科学でありますので、へそが曲がっています（笑）。

今年（二〇一四年）の一月には、小保方晴子《おぼかたはるこ》さんが、「STAP《スタップ》細胞《さいぼう》（刺激《しげき》惹起《じゃっき》性多能性獲得《かくとく》細胞）」というものを作製したとして、持ち上げられ、「ノーベル賞候補か」という感じの上がり方だったのですが、そのあと、彼女の論文に関して疑惑《ぎわく》が出てきて、急にバッシングが始まりました。

それは、やや「魔女狩《まじょが》り」風、もしくは、悪い意味での宗教裁判の「異端審問《いたんしんもん》」風で、改宗《かいしゅう》しないと死刑《しけい》になり、火あぶりになるような感じの雰囲気《ふんいき》も出てきたように思われます。

当会は宗教なので、正直に言うと、「やや専門外」ということになるかもしれませんが、一方で、大学をつくろうとしているところでもあり、そのなかで、「未来産業学部」という、理科系の学部も構想している現状ではあるので、小保方氏が言及《げんきゅう》していることも、ある意味では視野のなかに入っていないわけではないと言えると思うのです。

私が（今回の守護霊霊言《しゅごれいれいげん》に）適任かどうか、よくは分かりませんし、〝ほらを吹《ふ》く〟と怒《おこ》られる業界なのでしょうが、私には、「生物」や「化学」に関して、特に苦手意識はありませんでした。

理科系に進学した人と比べて、理解力や暗記力など、学力で自分のほうが見《み》劣《おと》りする感じは持っていなかったので、ある程度、理解はできるのではないかと思っています。

文系には、例えば、「『化学』で〝亀甲《きっこう》〟（ベンゼン環《かん》）が出てきただけで、頭が真っ白になり、分からない」という人もいるのですが、私は、そのようにはなりませんでしたし、「生物」が文系科目とは違《ちが》うようには私には思えず、簡単に理解して覚えられることが多かったので、その意味では、それほど違《い》和《わ》感《かん》はありません。

今回の件は、全体の流れについてはマスコミ等を通じて見てはいるのですが、専門的な言及に対する〝詰《つ》め〟のところまで理解ができているかどうかは分かりません。

ただ、起きている現象そのものは、私には、宗教の世界でも何度も起きたことと似ているように見えてしかたがないのです。

「ＳＴＡＰ細胞《さいぼう》」の作製は、事実ならノーベル賞級

大川隆法　今日は二〇一四年の四月八日ですが、現時点では、明日《あした》、小保方さんが記者会見をする予定が入っています。ただ本人が出ない可能性もあって、弁護士がかかわってき始めています（注。この収録の翌日、小保方氏本人が出席して記者会見が行われた）。

昨日《きのう》から病院に入院しているようですし、その前にはマンションに閉《と》じこも

っていたそうなので、かなり厳しい環境《かんきょう》に置かれているようです。

この業界の難しさには、独特なものがあるのではないでしょうか。

最初は、「すごい発見だ」ということで評判が上がりました。これは、そのまま認められたら、ノーベル賞級の業績である可能性がかなり高いのです。日本人でノーベル賞を取った人というと、東大や京大など国立大学を出ている方ばかりで、私大のほうはおらず、早稲田《わせだ》からもまだ出ていません。

小保方さんは私大（早稲田）出身ですし、年齢《ねんれい》もまだ三十歳《さい》です。また、女性の日本人受賞者もまだ出ていないので、小保方さんが受賞すれば、この業界の「秩序《ちつじょ》」を完全に壊《こわ》してしまう可能性が高いと言えるでしょう。

その意味で、〝抵抗勢力《ていこう》〟が同業からもそうとう出ている可能性はあるのではないかと思うのです。

ジャーナリストには文系出身者が多く、理系の学問についてはよく分からないので、不満や疑問がたくさん出てくると、そのまま真《ま》に受けて書いてしまうところもあります。

また、悪いことに、今年は、実際には耳の聞こえる〝日本のベートーヴェン〟など、詐欺師《さぎし》まがいの人も出てきていますし、政治家も、借入金《かりいれきん》をごまかしていたりしました。

マスコミには、「そういうごまかしなどを剝《は》がすことが使命だ」と思っている面もあるので、習性に基《もと》づいてやっているところはあると思うのですが、理系の研究者には、それに関して、あまり免疫《めんえき》力がない面もあるのではないかという気がします。

そういう意味では、ややショックというか、予想外の展開が起きている可能性もあると思います。

共同研究者たちは「保身」に動き始めたのか

大川隆法　早稲田大学は、大学のほうに累《るい》が及《およ》ぶのを怖《こわ》がってき始めているので、小保方さんの博士号《はくし》を取り消すかどうか、調査に入っているようです。

理研《りけん》（理化学研究所）のほうは、「この人一人を切れば、何とか生き残れるのではないか」というような意味で、〝トカゲの尻尾《しっぽ》切り〟をし始めているようにも見えます。

また、小保方さんの共同研究者たちも、みな一斉《いっせい》に〝逃《に》げ〟に入っているので、「累が及ぶのを恐《おそ》れている」と見えなくもありません。

小保方さん本人と、共同研究者のうち、ハーバード大学で小保方さんを指導していた教授の二人だけは、「論文を撤回《てっかい》しない」と言って頑張《がんば》っています。それを見て、「これは、もしかすると、あとの人たちは保身で動いていて、マスコミのほうが間違っている可能性もあるのではないか」という感じがしてきてはいるのです。

ただ、「小保方さんの論文が正しいかどうか。STAP細胞は本当にできるのかどうか」ということを検証するのに、最低、一年はかかると言われています。一年以上かけないと、これが本当にできるのかどうか分からず、しかも「本人抜《ぬ》き」で実験がうまくいくのかどうかも分からない状況《じょうきょう》なのです。

もし〝魔女狩り〟で彼女を消してしまうのであれば、あまりにも気の毒すぎるのですが、タイムリミットとしては、もうギリギリあたりかなと感じています。

今までは、「専門外だ」という理由で、手を出さずにいたのですが、調べてみたい感じがしてきました。

研究の「マナー」を攻撃《こうげき》しても「マター」は否定できない

大川隆法　小保方さんについて、主として問題にされているのは「マナーの問題」です。それを取り上げて、いろいろと攻撃《こうげき》しているのですが、「マターの問題」を攻撃してはいないのです。

マナーとは「実験の手続き」「処理の仕方」「記録の仕方」などであり、そういうものについてのミスなどを指摘《してき》し、「それに騙《だま》しがあるか。間違いがあるか」というところを責めています。

このように「マナー」を責めてはいますが、「マターの問題」、すなわち、「STAP細胞《さいぼう》は、ありうるのか。実在しうるのか。実際につくれるのか」ということについては、結局、今のところ、正確なことは誰《だれ》にも言えない状態であるのです。

したがって、「小保方さん本人の信念は本物なのかどうか」、あとは、「ハーバードの教授のほうは、どうなのか」、このへんにかかっていると思います。

あとの人の動きは、理解できないこともありませんが、彼らは、累が及ぶのを恐れているのでしょう。

小保方さん自身も、今、研究者生命を奪《うば》われるギリギリのところまで来ていると思います。

小保方さんの「魂《たましい》の筋《すじ》」を見抜《みぬ》くことはできる

大川隆法　私どもには、専門的なチェックまではできないのですが、ある程度、科学的なことについて訊《き》いても構わないでしょうし、人間としての「魂《たましい》の筋《すじ》」を見ることはできるだろうと思います。

「騙したり嘘《うそ》をついたりするタイプの人間なのか、そうではないのか」ということを、守護霊レベルで点検に入っていけば、ある程度、それが分かるはずです。

今までの守護霊霊言でも、だいたい「魂の筋」は出てくるので、「騙すタイプの人間なのか。それとも、正統な科学者として、新しい貢献《こうけん》をするようなタイプの人間なのか」という、その「魂の筋」ぐらいは見えると思うのです。

「魂の筋を見抜《みぬ》く」ということにおいては、別に裁判所に比べて宗教のほうが劣ることはないだろうと思います。

あまり肩肘《かたひじ》張った質問でなくても構わないのですが、会話をしているうちに、「どういう筋の人であるか」ということをだいたい見極《みきわ》めていけば、それから推《お》して、「正当な業績として、こういうもの（ＳＴＡＰ細胞の作製）が出てきても構わない筋の人かどうかということは、分かるのではないか」と思うのです。

「先輩《せんぱい》たちの嫉妬《しっと》」や「内部の勢力抗争《こうそう》」があるのか

大川隆法　どうも、先輩《せんぱい》がたの嫉妬《しっと》のようなものも、そうとうあるような気がして、しかたがありません。「これで認められてしまったら、このあと、業界の秩序は、いったい、どうなるのだ」ということでしょうが、非常に気になります。

共同研究者になっていた山梨《やまなし》大学の教授は、理研時代にはマウスの実験か何かで世界的な成果をあげ、本来、出世筋の結果を出したはずなのに、逆に理研から外部に飛ばされたらしいのです。

内部の勢力抗争《こうそう》には、そうとうなものがあるのではないかと思います。

「その方も、教授職を護《まも》るため、〝逃げ〟に入ったのかな」という気も一部しています。

当会は千葉《ちば》県に大学をつくる予定です（二〇一五年開学予定）。もし、小保方さんが正しくて、その研究はノーベル賞を取れるような筋のものであるにもかかわらず、業界から干《ほ》され、〝村八分《むらはちぶ》〟になって、「もう研究場所がない」と言われたら、幸福の科学大学のほうで招いても別に構わないと思っています。

まあ、これは余計な話ではあります（会場笑）。ここまで言うと度が過ぎていて、「霊言の真偽《しんぎ》」に疑問を抱《いだ》かれてはいけないので、もう言いません。

ただ、今回の小保方さんへの攻撃には、「もしかしたら、やりすぎている面があるのではないか」という気はするので、そのへんを守護霊に訊いてみたいと思います。

「宗教の権限」のなかで小保方さんの「真の人物像」を探《さぐ》る

大川隆法　事前に調べると面白《おもしろ》くないので、特に調べてはいませんが、予想外の方が守護霊として出てくるような気がしてなりませんので、今日やることにしました。

もしかすると、あっと驚《おどろ》くような人が出てくる可能性がある気がしています。事前に話をしてしまうと、全然面白くないので、まだしていませんが、まったく想像していないような方かもしれません。そのような感じを少し受けています。

それでは呼びますので、幾《いく》つか会話をしながら、どんな人柄《ひとがら》、人物かを調べてみたいと思います。

特に、「耳が聞こえるのに、聞こえないようなふりをして、有名になろうとするタイプの人間であるかどうか」といったところを、洗い出していくことはできるでしょう。これが、「宗教の権限」のなかで可能かと思われます。そのへんについてはプロだと思う方もいるので、やります。

もし、すべてのマスコミが言っていることと、まったく違う結論が出てきたら、ある意味でのスクープになることもありえるでしょう。今、ギリギリのタイミングだと思いますので、スクープであるなら、スクープとしてやらなければいけないかもしれません。

小保方晴子さんの守護霊を招霊《しょうれい》し、その本心を訊《き》く

大川隆法　前置きが長くなりますので、そろそろ招霊《しょうれい》に入ります。

それでは、このたびは、「理化学研究所　発生・再生科学総合研究センター・細胞リプログラミング研究ユニット・リーダー」として有名になり、今はバッシングの対象にもなっている小保方晴子博士の守護霊をお呼びして、いったい、どのようなご心境、お考えなのかをお聞きしたいと思います。

内容的に見て、新聞記者やテレビ、週刊誌等がたくさん来ているような所での会見というのも、成り立つ可能性が非常に少ないものだと考えられます。

そこで、当会において、腹蔵《ふくぞう》なく本心等を語られましたら、私どもは、その

内容を正確に吟味《ぎんみ》し、それから判定したいと思っていますから、どうか、正直なところをお述べくださいますよう、心の底よりお願い申し上げます。

小保方晴子さんの守護霊よ。

小保方晴子さんの守護霊よ。

どうか、幸福の科学総合本部に降りたまいて、そのご本心を明らかにしたまえ。

小保方晴子さんの守護霊よ。

どうぞ、幸福の科学総合本部に降りたまいて、その本心なるご主張をしてくださいますことを、心の底よりお願い申し上げます。

(約三十秒間の沈黙《ちんもく》)

2 「捏造疑惑《ねつぞうぎわく》」に反論する

日本語を操《あやつ》るのに苦労する「外国語訛《なま》り」の守護霊

小保方晴子守護霊　フハァ……。

綾織　こんにちは。

小保方晴子守護霊　……うーん……。

綾織　小保方博士の守護霊様でいらっしゃいますでしょうか。

小保方晴子守護霊　うん……、うん……、うーん……、ううーん……、ううーん……。ううう……。

綾織　本日は、幸福の科学の総合本部にお呼びさせていただきました。

小保方晴子守護霊　う、ううーん……。ううーん……。うん……、うーん、うーん……。あ、うん。うーん……。うーん……。

綾織　今、少しお話ができる状態でしょうか。

小保方晴子守護霊　ええ……、うーん……、まあ、うーん、うーん……、あ、うーん、あ、うーん……、うん、うーん……、ああ……、うーん……、うーん……、うーん……、うーん、うーん、うーん、に・ほ・ん、ああ……、に……、に、に、に、に、に・ほ・ん・ご?

綾織　あ……。

小保方晴子守護霊　ああ、うん、ああ、うーんうんうんうん、が……。

綾織　日本語……？

小保方晴子守護霊　ご……、つ……、うーん、うーん、うん、うん、うーん、うん、少し……、ああ、うん、む…つか…しいので、うーん……、うーん……、ええ……、う、ゆ、ゆっくり……。

綾織　あ、はい。

小保方晴子守護霊　ゆっくり話し……、お、あ、うーん……。うーん、して、く…れ…ると、あり…が…たいです……。ああ……。

綾織　はい。母国語は英語でいらっしゃいますか。英語を話される方でしょうか。

小保方晴子守護霊　うーん……、うーん……、うーん……、うーん……、うーん……、うーん……。英語、って……、うーん……。

綾織　あ、イングリッシュ？

小保方晴子守護霊　ああ、イングリッシュ。イングリッシュか……。なるほど。うん、イングリッシュを、「英語」っていうのか。そっか、なるほど。米語じゃなくて、英語かっ。そうかっ。そうかっ、そうかっ。

ああ……、ああ……、うーん……、うーん……、うーん……、うーん……、頭の……、この人（大川隆法）の、あ、頭のなかに（自国語の）語彙《ごい》がないので、ううーん……、使えない……。

綾織　ああ、そうですか。はい、はい。

小保方晴子守護霊　うーん……。使えないんです。英語でもない・ん・で……。うーん……。

綾織　それでは、日本語で、ゆっくりと説明させていただきます。

小保方晴子守護霊　し…ばらくすると、たぶん、だい…じょうぶだと、思います。うーん……。

綾織　はい、分かりました。

過熱するマスコミ報道のなかで、今の正直な心境は？

綾織　まず最初に、一月に論文を発表されて以降、大変なニュースになり、一方で、「不正がある」といった指摘《してき》が、二月以降に始まりました。

小保方晴子守護霊　うーん……。

綾織　一部の週刊誌メディアにも話をされていますけれども、正直なところ、今、何を考えていらっしゃいますか。

小保方晴子守護霊　うーん……、何を騒《さわ》ぐのかが分からない……、分からないんです。何をそんなに、騒ぐのかが分からない……んで、……です。うーん……。何をそんなに、何がそんなに、問題なのかが、わか……。

綾織　「『ネイチャー』誌に掲載《けいさい》された論文の画像に問題がある」とか、「捏造《ねつぞう》したもの、あるいは、改竄《かいざん》したものである」というような指摘が、中心的な論点になっています。

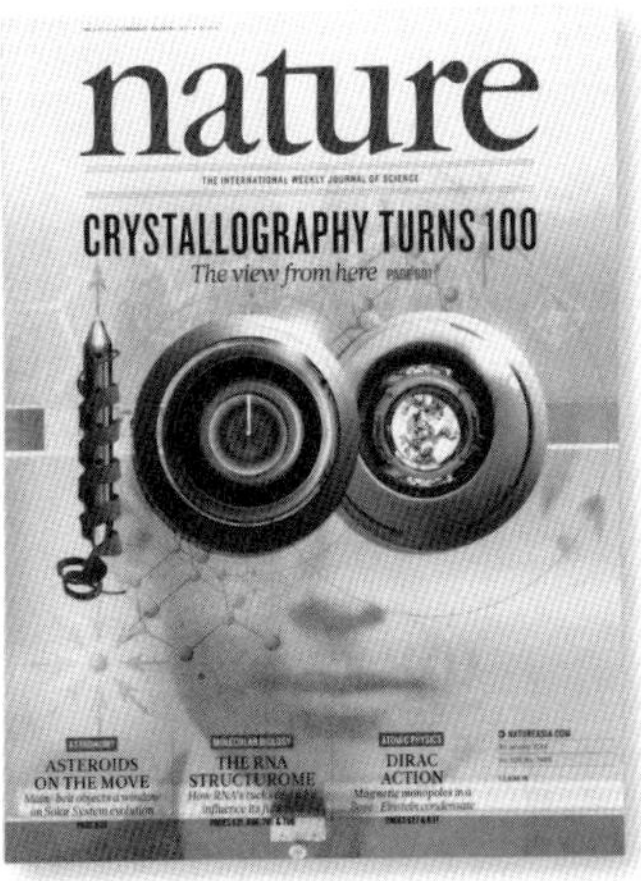

小保方氏を筆頭とする８人の研究者の連名で論文が掲載された「ネイチャー」誌 Vol.505（2014年１月30日）

「ネイチャー」誌は、1869年イギリスで創刊された総合学術雑誌。さまざまな学術誌のなかでも最も権威があるとされ、ノーベル賞級の業績も多数掲載されている。

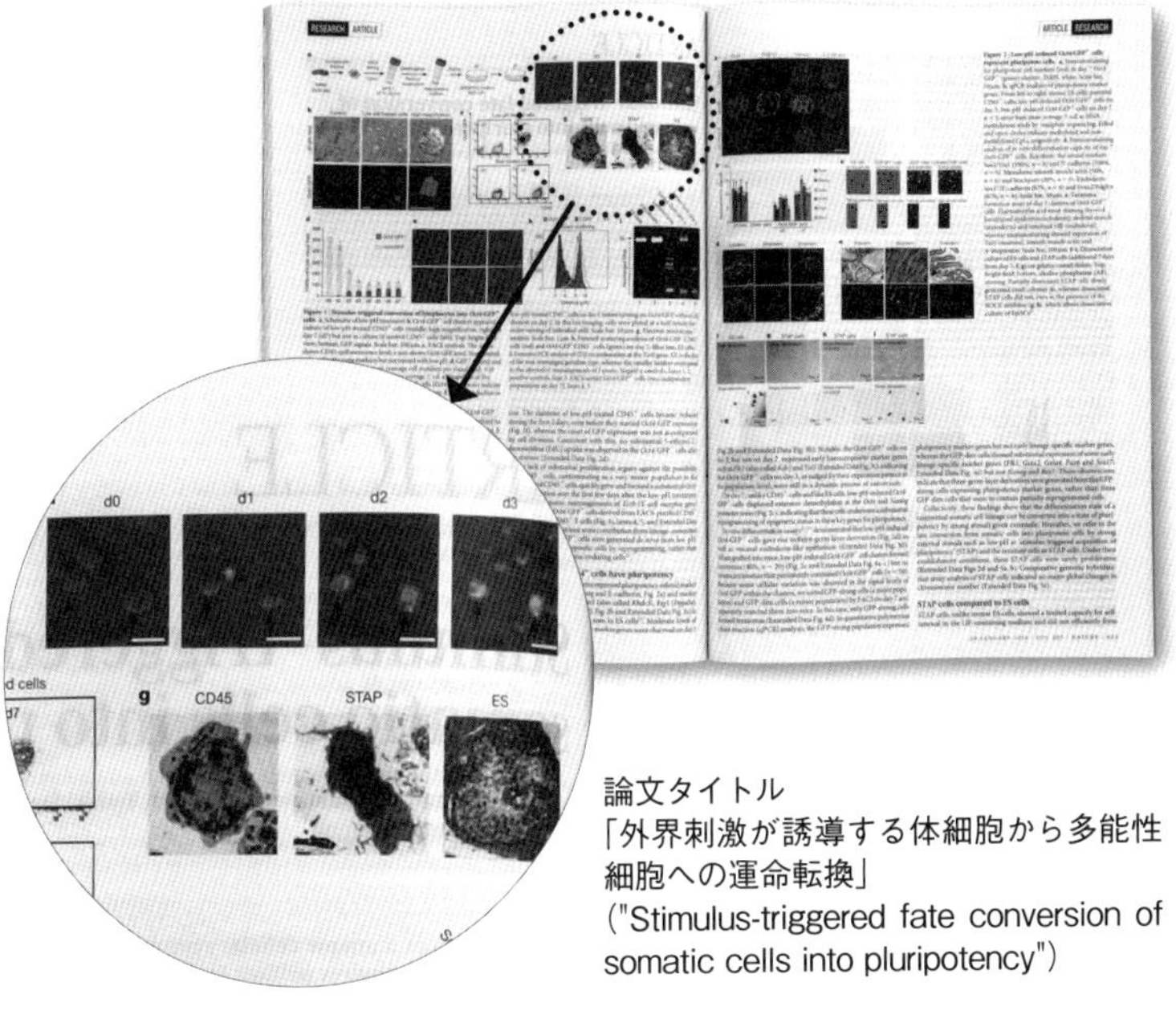

論文タイトル
「外界刺激が誘導する体細胞から多能性細胞への運命転換」
("Stimulus-triggered fate conversion of somatic cells into pluripotency")

小保方晴子守護霊　あれは、色を見やすくする……、分かりやすくするように、したことはしたんですけど、別に捏造したわけじゃないんですが。

綾織　はい、はい。

小保方晴子守護霊　はっきり分かるようにはしましたが……。捏造したわけじゃないんですけどね。だから……。

綾織　それは、「遺伝子解析《かいせき》の画像を見やすく修正した」というか、「画像を少し変えている」というところだと思うのですけれども。

小保方晴子守護霊　うーん……、「違《ちが》いがよく分かるようにした」ということは、あるかもしれないけど、これは、別に、捏造でも何でもないことなので……。分か、分からない。何、何、何をそんなに、何をそんなに、みんなで責めてくるのか、意味が分からない。

論文画像の流用による「捏造疑惑《ねつぞうぎわく》」に答える

綾織　もう一つ、「博士論文で使った画像とほぼ同じようなものを、今回の『ネイチャー』の論文でも使った。これは捏造《ねつぞう》ではないか」と指摘を受けていて、理化学研究所も、「捏造だった」というような調査結果報告をしています。

これについてはいかがでしょうか。

小保方晴子守護霊　マスコミの言う「捏造」っていうのが、どうも、私にはよく分からないんですが。何を……、何を「捏造」って言っているのかが、よく分からないんですけどねえ。

私は一貫《いっかん》して研究してきたことを発表しただけなんですけど、うーん……。

綾織　地上のご本人は、「画像を取り違えた」とおっしゃっているわけですけれども。

小保方晴子守護霊　取り違えたのかなあ……。別に、取り違えてないんじゃないかしら。取り違えてないような……。「取り違えた」って言ってるんですか。

綾織　ご本人はそうおっしゃってますね。「単純ミスです」と。

小保方晴子守護霊　うーん、そうかなあ……。それ、言わされてるんでないんですか。

綾織　そうですか。ということは、本物をきちんと「ネイチャー」の論文で出されていたということですか。

小保方晴子守護霊　そう、だと思いますが……。

綾織　そうなんですか。

小保方晴子守護霊　ええ。

綾織　ほうほう。それでは……。

小保方晴子守護霊　研究は一貫しているので。博士論文から一貫してやっていることなので……。

綾織　はい、はい。

小保方晴子守護霊　で、あのー……、別に、盗用《とうよう》したこともないし、画像は、今は、コンピュータでいろいろつくったりする人もいるんだとは思いますけど、そういうふうに、何かつくったっていうようなこともありません。私の一貫した研究のなかで出てきたものを使っているだけなので。

ちょっと、彼らの言うマスコミ学では、何かそういうのがあるのかもしれませんが、自分の研究において、何かごまかしたっていうつもりはないんですけど……。うーん……。

綾織　「博士論文と、『ネイチャー』に提出した論文の画像が、ものすごく似ている」という指摘を受けているわけですが……。

小保方晴子守護霊　似てたら、何かいけないことがあるんですか。

綾織　では、それは、「たまたま似ている状態になった」ということでよいのですか。

小保方晴子守護霊　だから、おんなじ研究をずーっとやっているので、資料のなかから、いちばん分かりやすいのを使っていただけですので。それで、「自分の博士論文の映像に似ているから捏造だ」って言われるのは、ちょっと心外……、心外ですねえ。

綾織　なるほどですね。

小保方晴子守護霊　博士号をもらったのも、二〇一一年かなあ。最近で、研究は一緒《いっしょ》ですので。それは、いろんなデータを持っていますけど、何か、うーん……。「捏造」って言われるのは、ちょっと心外です。

綾織　そうすると、実際に、すでに実験結果が出ていたものを、そのまま出しているということですか。

小保方晴子守護霊　だから、私が持っているデータをもう全部調べて、「ないものをどこかから持ってきて使った」って言うんなら、そうかもしれないけども、私が研究してきたデータのなかから選んで使っているだけなんで。私、日本人の感覚が分からない。

綾織　はい。

3 「ノート二冊で、何がいけないのか」

「三年間で実験ノート二冊だけ」という批判に反論する

綾織　実験のプロセスについて、いろいろな指摘《してき》を受けているわけですけれども、「実験ノートが三年間で二冊しかない」というようなことも、かなり批判を浴びています。

確かに、「常識的には、やや少ないのではないか。もう少し、しっかりとした記録があるべきなのではないか」とも思うのですが、これについてはどうお考えですか。

小保方晴子守護霊　あのー……、私は工場の警備員じゃないので、そんなものを克明《こくめい》につけなきゃいけない理由はないと思うんですけど……。

斉藤　理系で勉強をされてきて、研究室等でやっていますと、そういう指導を受けると思うのです。

小保方晴子守護霊　うん……。

斉藤　それはもう、研究者としての「いろは」の部分でもありますので、本来は、教育されてできるようになっているはずのところだと思います。

小保方晴子守護霊　うーん。

斉藤　ですが、そこに対して、そういうお考えを持たれているということは、そのような教育を受けてこられなかったのでしょうか。

小保方晴子守護霊　……で、ノート何冊ならよくて、何冊ならいけないんですか？

斉藤　書き方にもよりますが、実験ノートが二冊というのは、一年研究していれば、いってしまってもおかしくない冊数ではあります。

小保方晴子守護霊　ああ、そうなんですか。ふーん……。

斉藤　みなさんが気になっていますのは、「捏造《ねつぞう》だ」と言われたときに、「ノートなどが提出してあるのであれば、すぐに、『間違《まちが》いでした。これが正しいものです』と出てくるのではないか」と期待していたところに、小保方さんご本人が出てきてくださらなかったところと、改竄《かいざん》のところについて、マスコミの方々が待てないぐらいの時間を待たされてしまったというところです。

小保方晴子守護霊　例えば、会社のなかで新しい技術開発をするときに、克明にノートを取って、誰《だれ》にでも見られるようにして残すんですか。

斉藤　実験者なら、ある程度は残しているかと……。

小保方晴子守護霊　え？　それだと〝盗《ぬす》まれる〟じゃないですか。

斉藤　そのリスクよりは、特許を取るときなどに、きちんとノートを提出できるというメリットもありますので。

小保方晴子守護霊　うーん、もうこれは、「見えていたもの」ではあったんです。

だから、むしろ、「発表までの間に、どれだけ知られずに進めるか」ということが大事であったので。（ノートを）いっぱいつくると、ほかの人にも持ち出されて、やられてしまう可能性のある内容ではあって、そのへんのことは分かってはいたんです。

これは、できるだけ速い速度で、極秘《ごくひ》で、一気に結論まで持っていって発表しないと〝潰《つぶ》される〟と思われた内容ではあるので、そういう意味では勝負だったのかとは思うんですけどねえ。

私は、ノートの冊数を言われるとは思わなかったんですが、ここの大川隆法さんなんか、ノートは一冊もないです（会場笑）。

「だから、正しい宗教家ではない」んですか？

綾織　（笑）文系ですので。

小保方晴子守護霊　ええ？　きっと、頭のなかに全部あるんでしょう？　書いたものが残してあったら、ほかの人がそれを読み上げて、使えるじゃないですか。私たちの研究も、幾《いく》らでも盗める……。

綾織　こうして録音した霊言《れいげん》は、すべて記録をしています。やはり、「記録を取る」というのは必要ではないかと。

上司にも相談できないほどの「情報管理」が必要だった

小保方晴子守護霊　今回のは、もう、非常にリスクがあることは分かっていたんですけど。というか、上司であっても、むやみに相談してはいけない内容であることは分かっていたんです。

これは、上司に知られてしまうと潰される可能性のある内容ではあったので、そういう意味で、証拠《しょうこ》に当たるものがたくさん残らないようにして進めなければいけないものでもあって、理解できる人は、そんなにはいなかったんです。

まあ、ユニットのなかでは、ある程度、情報の共有をしていましたけれども、なるべく、外に流出しないようなかたちで情報を共有していました。

うーん。「いきなり発表して、それで通してしまわないと難しい内容だ」というふうに考えてはいたんですけどねえ。

斉藤　その極秘プロジェクト自体は、小保方さんが主体的にされていたのですか。

小保方晴子守護霊　そうなんです。だから、会社のように、全部、上司に報告して、所長決裁も受けて、「GO」が出てやるような研究だと、まずいタイプの研究であったことは事実ですねえ。

まあ、「あとから度肝《どぎも》を抜《ぬ》かれた方が、それに対して、何かクレームを付ける」ということは、当然、考えてはいたことでしたけど、「とりあえず論文にして、まず、世界に発表してしまわないと危ない」ということは分かってたんです。上にあんまり報告すると、自分の手柄《てがら》にされてしまう可能性が十分にあるので、克明《こくめい》な研究ノートなんか、そんなものを持ってたら大変なことになります。丸ごと自分の論文にされてしまう可能性がありますのでね。

iPS《アイピーエス》細胞《さいぼう》を反故《ほご》にする可能性を含《ふく》む〝プロジェクトX《エックス》〟だった

呉　これは、訊《き》いてよいことなのか分かりませんけども、「実験をするたびにノートを取るのが通常の手順」というように習うと思うのですが、小保方さんは、どちらかに極秘で記録はされていたのでしょうか。

小保方晴子守護霊　頭のなか。

呉　頭のなか……。

小保方晴子守護霊　うん。ユニットの仲間でも、「共有していい部分」と「共有してはいけない部分」とがあって、共有すると、漏《も》れる可能性がある部分もあったんです。「コピーして持ち出されるとかいうようなことは、非常に危険であった」ということは言えると思いますけどねえ。これはすごいことなんです。

それで、いちばん恐《おそ》れていたことは、山中伸弥《やまなかしんや》先生（京都大学iPS《アイピーエス》細胞《さいぼう》研究所所長）がiPS細胞でノーベル賞を取られていますけども、このiPS細

画期的なｉＰＳ細胞の研究により、2012年のノーベル生理学・医学賞を受賞した山中伸弥京都大学教授。（写真：ノーベル賞授賞式）

胞が、まったく反故《ほご》になってしまう可能性が高い内容であったので、「事前に横槍《よこやり》が入った場合は潰《つぶ》れる」っていうことです。このことは分かっていたから、「横槍を入れる材料を外に出せない」っていうことには、極《きわ》めて注意をしてやっていました。

実際、「iPS細胞はガンを発生させやすいものだ」という報道が一部あったために、山中教授がものすごく怒《おこ》られて、その怒《いか》りを受けて、みんなが震《ふる》え上がって逃《に》げ出したところがかなりあります。

信念を曲げなかった私と、私を共に育ててくれたハーバードの教授は、山中教授が怖《こわ》くないので支えてくれてますが、あとのみんなは怖いから逃げた。

だから、彼の業績がゼロになる可能性がある内容だったので、その意味では、〝プロジェクトX《エックス》〟であったのは事実です。

4 「私の頭のなかに実験プロセスは入っている」

「STAP細胞《さいぼう》の実験は成り立っている」

斉藤　「今、共著者の方々が逃《に》げ出している」というようにマスコミが言っていますが、では、「本当は、この実験は成り立っていた」ということを、みなさんは知っているんですね？

小保方晴子守護霊　成り立ってます。これは本物です。本物ですが、「それを認められたときに、周りの人たちがどうなるか」についてまではシミュレーションしかねるもので、〝東日本大震災《だいしんさい》〟のような結果が起きることは予想されるんですが、「その被害《ひがい》がどこまで及《およ》ぶかは分からない」ということになりますね。

潰《つぶ》される可能性を考えて「すべての情報は公開できない」

呉　いろいろな研究者の方が、「ＳＴＡＰ細胞《さいぼう》の実験を再現できない」というようにおっしゃっていましたけども……。

小保方晴子守護霊　それは、私がいなければ再現できません。

呉　どうして小保方さんだと……。

小保方晴子守護霊　（私の）頭のなかに（情報が）入っているから。

綾織　ということは、「ネイチャー」の論文のなかには、その実験のプロセスとして、まだ明らかにしていないものがあるわけですね。

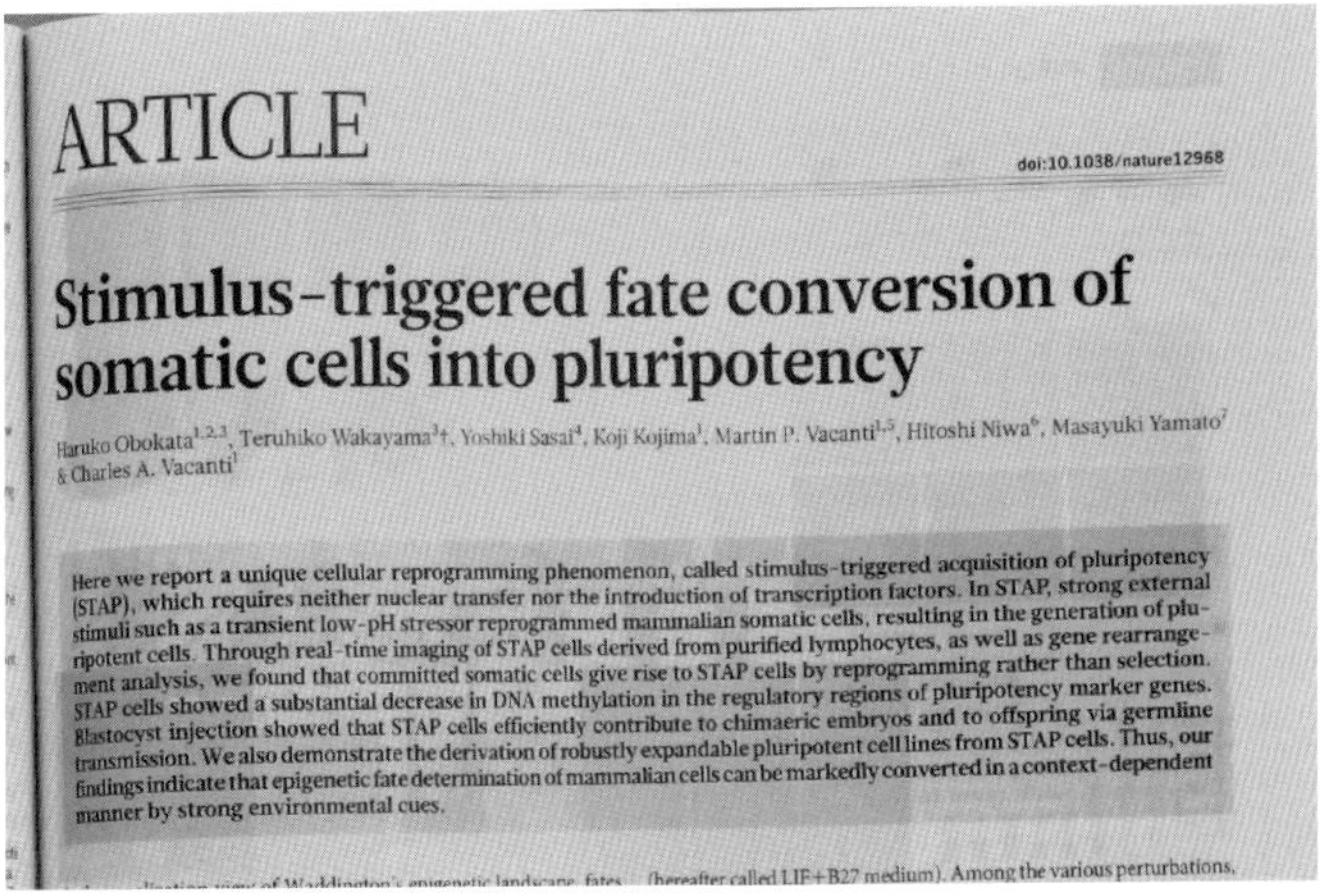
ARTICLE

doi:10.1038/nature12968

Stimulus-triggered fate conversion of somatic cells into pluripotency

Haruko Obokata[1,2,3], Teruhiko Wakayama[3]†, Yoshiki Sasai[4], Koji Kojima[1], Martin P. Vacanti[1,5], Hitoshi Niwa[6], Masayuki Yamato[7] & Charles A. Vacanti[1]

Here we report a unique cellular reprogramming phenomenon, called stimulus-triggered acquisition of pluripotency (STAP), which requires neither nuclear transfer nor the introduction of transcription factors. In STAP, strong external stimuli such as a transient low-pH stressor reprogrammed mammalian somatic cells, resulting in the generation of pluripotent cells. Through real-time imaging of STAP cells derived from purified lymphocytes, as well as gene rearrangement analysis, we found that committed somatic cells give rise to STAP cells by reprogramming rather than selection. STAP cells showed a substantial decrease in DNA methylation in the regulatory regions of pluripotency marker genes. Blastocyst injection showed that STAP cells efficiently contribute to chimaeric embryos and to offspring via germline transmission. We also demonstrate the derivation of robustly expandable pluripotent cell lines from STAP cells. Thus, our findings indicate that epigenetic fate determination of mammalian cells can be markedly converted in a context-dependent manner by strong environmental cues.

論文の冒頭部分（「ネイチャー」誌 Vol.505 から）
「外界刺激が誘導する体細胞から多能性細胞への運命転換」
本研究では、刺激誘導型の多能性獲得（STAP; stimulus-triggered acquisition of pluripotency）と名付けた、細胞の独特な再プログラム化現象について報告する。……

小保方晴子守護霊　当然でしょう。全部を明らかにしたら、誰《だれ》でもつくれちゃうじゃないですか。

綾織　ただ、その論文を見て、世界の科学者が再現実験をやろうとするわけで（笑）……。

小保方晴子守護霊　うーん。

綾織　「今のところ、誰も再現実験ができていない」というようになると、「実際にはなかったのだ」という話になってしまいます。

小保方晴子守護霊　いや。そんなことはない。実際にあるんです。

綾織　はい。

小保方晴子守護霊　あるんですが、その前に潰《つぶ》される可能性が極《きわ》めて高いものでもあるんです。

だから、周りがこれを認めてくれて、そして、それを推《お》し進めていくっていう応援《おうえん》を受けて、まあ、ある程度の守りをつくってくれて、支援してくれるような体制ができれば、やり続けることはできるんですけど、潰しに入られた場合は厳しいので、その場合に備えて、すべての情報を公開することはできない。

問題だったのは「個々の攻撃《こうげき》材料」よりも「最終結論」

綾織　逆に言いますと、特に、今回の「画像の問題」がそうですが、そういう批判を浴びる部分、突《つ》っ込《こ》まれる部分については、ある程度、ガードしておかなければいけなかったのではないかと思うのです。

小保方晴子守護霊　うーん。

綾織　それはお考えにならなかったのでしょうか。

小保方晴子守護霊　いや、でも、それよりは、「最終結論」のほうが問題だったんじゃないかとは思うんです。

綾織　「最終結論」？

小保方晴子守護霊　うん。やっぱり、STAP細胞なるものが存在したら、困る人がいっぱいいたんではないかと思われるので。

綾織　ほう。

小保方晴子守護霊　ええ、実は。だから、攻撃《こうげき》材料になるものは、できるだけ出したくないっていうか、少なくしておきたいとは思っていたし、まさか、「自分が博士論文に使ったものと似ているから」というような理由で攻撃されるなんていうようなことは、考えてなかったですから。

「他《た》の方が書いた論文から盗用《とうよう》した」っていうのでしたら〝あれ〟ですけど、そんな攻撃の仕方があるっていうのは、ちょっと考えられなかったので。

「色合いの違《ちが》いがよく分かるものはいい」という感じを持ってはいたんですが、あんまりはっきり分からないと、なんだか意味が分からないのでね。

いや、まあ、「英語で論文を発表して、世界の人に認めてもらった上で、つまり、本格的な研究成功のプロジェクトを承認された上で、（研究を）やれるスタイルまで持っていかなければ潰される」っていうのは、だいたい分かっていたことではあるんです。

うーん……。だから、今は、ちょっと私の力不足で中央突破《とっぱ》できなかったのかなあと思っているんですけども……。

5　未来の生命科学の発展の「天命」が下った

「ＳＴＡＰ細胞《さいぼう》は『未来』」と断言する小保方氏守護霊

斉藤　日本のほうでは、ＳＴＡＰ細胞《さいぼう》が「ある」「ない」で騒《さわ》いでいるのですが、ハーバード大学のほうでは、「猿《さる》で作製できました」とか、「人間でもできそうです」などと発表しているという報道もチラチラ出てきています。これについてはいかがですか。

小保方晴子守護霊　うん、できますよ。いや、これは、もう「未来」ですよ。だから、私が生きているかどうか知りませんが、未来はこの方向で行きますから。間違《まちが》いなく、この方向で行きますので。

まあ、本当は、アメリカでそのまま研究して、やったほうがよかったのかもしれないんですが、日本でやったために、こういうふうになったのかもしれません。

「建設的なアメリカ」と「否定的な日本」

呉　先ほどから、「日本の科学界」といいますか、科学者の間での問題を、かなり痛感していらっしゃるように感じられるのですが……。

小保方晴子守護霊　そうです。

呉　外国と日本を比べて、いかがですか。

小保方晴子守護霊　すごいですよ。やっぱり、全然違います。基本的に、アメリカなどは、「建設的」に考えていこうとする傾向《けいこう》があるけど、日本のほうは、まず、「否定的」に考えていくのが筋《すじ》なので。だから、日本なんかだったら、助手ぐらいが研究したことでも、教授の手柄《てがら》で発表されることなんか、もう日常茶飯事《にちじょうさはんじ》で、それをオッケーしなかったら、クビにされるだけのことであるのでね。まあ、そういうことです。

うーん……。まあ、「ユニットリーダーっていうだけでは力が足りなかった」としか言いようがない。やっぱり、「これだけの発見なら、教授か何かでなければいけなかった」ということなんじゃないでしょうかねえ。

博士論文の時点で「最終結論は見えていた」

綾織　先ほど、「見えていた」という言葉を使われましたが、では、これは、博士論文をつくるときには、すでに最終的な着地点まで見えていて、それを、実際に実験で詰《つ》めていったという状態なのでしょうか。

小保方晴子守護霊　そうです。もう見えていた。結論が見えていたんです。偶《ぐう》然《ぜん》に発見したわけじゃなくて、結論は見えていたので。

綾織　あっ、そうなんですか。はい。

小保方晴子守護霊　いやあ、非常に厳しい世界、社会なんですよ。だから、そう簡単に許されない世界なので。

ただ、年を取るまで隠《かく》れているわけにもいかないし……。

まあ、ある程度、ユニットでやったというところで、なんとか押《お》し切れないかと思ったんですけどもねえ。

すでに共同研究者の山梨《やまなし》大の若山《わかやま》教授なんかは、そうとうな被害《ひがい》を受け……、いや、被害と言ったら〝あれ〟かもしれませんが、圧力は受けていましたので、ま、難しいかなあという気はあったんですけどね。

まあ、一般《いっぱん》の人は、たぶん、議論しても、会見しても理解はできないものでしょうけど、こういうものも、何て言うか、ある種の「天命」なんですよねえ。だから、未来の生命科学のために必要な発見っていうのは、用意されているものなんで。まあ、「それを誰《だれ》に割り振《ふ》って発見させるか」っていう問題はあるとは思うんですけども。「たまたま、日本の若い女性のところに割り振りが来た」ということではあるとは思うんですが、うーん……、嫌《いや》だったんでしょうねえ。

「画期的な発明で世界を牽引《けんいん》する自信」がない日本人

綾織　その「天命」という部分なのですが、小保方さんは、そういう特別な使命をもともと持っている方と考えてよいのですか。

小保方晴子守護霊　だって、これがいちばん大事なところなんじゃないんですか。将来の医学的な面で見ても……。

いろんな病気の人を救ったりするためにも、いろんな道具をつくったり、機械をつくったり、さまざま努力をしていますけども、最終的な着地点は、ここにあるのでないかと私は思うので、これは誰かがやらなければいけないことで

独創的な発想で「STAP 細胞」を生み出す原動力となった小保方氏。

はあったと思うんです。

まあ、私のような者に天命が下ったことが、そんなに気に入らなかったか、ピンク色の壁紙《かべがみ》が気に入らなかったか、割烹着《かっぽうぎ》が気に入らなかったか、教授に気に入られようとしたような態度を取った女性だったから気に入らなかったのかは分かりませんが……、日本人は自信がないんじゃないんですかねえ。「日本から、画期的なものが発明されて、世界を牽引《けんいん》する」っていう自信がないんじゃないですか。

6 STAP細胞《さいぼう》は「神の領域」に入っている

日本で研究するにあたっての「難しい問題」

斉藤　気になるのが、理研自体が、若い女性の「リケジョ」というかたちで「押《お》し出そう、売り出そう」として、最初、かなり組んでいたと思うんです。それに対して、批判を受けたときに、理研自体がクルッと立場を変えて、一斉《いっせい》に退《ひ》く方向に行きました。ここには、理研の組織として、山中伸弥《やまなかしんや》教授のところとの確執《かくしつ》もあるのかもしれないんですけれども、どのように感じられましたか。

小保方晴子守護霊　うーん……。ノーベル賞を取られている方が上のほうにはいらっしゃいますけど、みんな、かなり高齢《こうれい》で頂いていますのでねえ。

まあ、そのへんは、難しい問題があったのかなあと私も思うんですが、アメリカだと、ノーベル賞はそんな珍《めずら》しいことでもないとは思うんですけどね。日本では、最終の勲章《くんしょう》みたいなものなんでしょうから。

でも、やっぱり、そうですねえ、大学の先輩《せんぱい》教授や准《じゅん》教授が退《ひ》いてくれるはずはありませんわね。認めたら、立場が逆になるものですから。当然ながら逆になっちゃうので。認めてはくれないから、「一般《いっぱん》のサイエンティストたちに認めてもらわなきゃいけない」っていう焦《あせ》りはあったのかもしれませんけども。

また、私たちは、いち早く方向性を示すことでお知らせをして、そしてまた、そうしたプロジェクトを続けていけるための〝生命線〟としての資金とかも、確保しなければいけないところもあるのでね。

だから、「実際に最終まで詰《つ》めが完全に終わってから発表する」というところまで行く前の段階で、ある程度、言わなきゃいけない面もあるので……。

ＳＴＡＰ細胞《さいぼう》は存在し、ますます発展する可能性がある

小保方晴子守護霊　まあ、このままでしたら、博士号を取り消されて、研究者の仲間から追い出されるか。みんなで私が自殺するのを喜んで待つか。どっちかのような感じになりそうな、日本の雰囲気《ふんいき》ではありますけどねえ。

ＳＴＡＰ細胞《さいぼう》自体は、存在するんです。ますます発展する可能性があるもの

なんですが、その値打ちがまだ分からないっていうか、「そんなことはあってはならない」と思っている科学者がけっこう多い。「もっともっと、時間がからなければ、そんな段階まで行くはずがない」と思っているんですが。

はっきり言えば、もう「神の領域」まで入っているので。もう、神の生命創造の領域まで完全に入ってきているので、ある意味でのタブーを犯《おか》してはいるんだと思いますけども。

まあ、組織のなかでの研究って、ある意味では、難しい面もありますねえ。

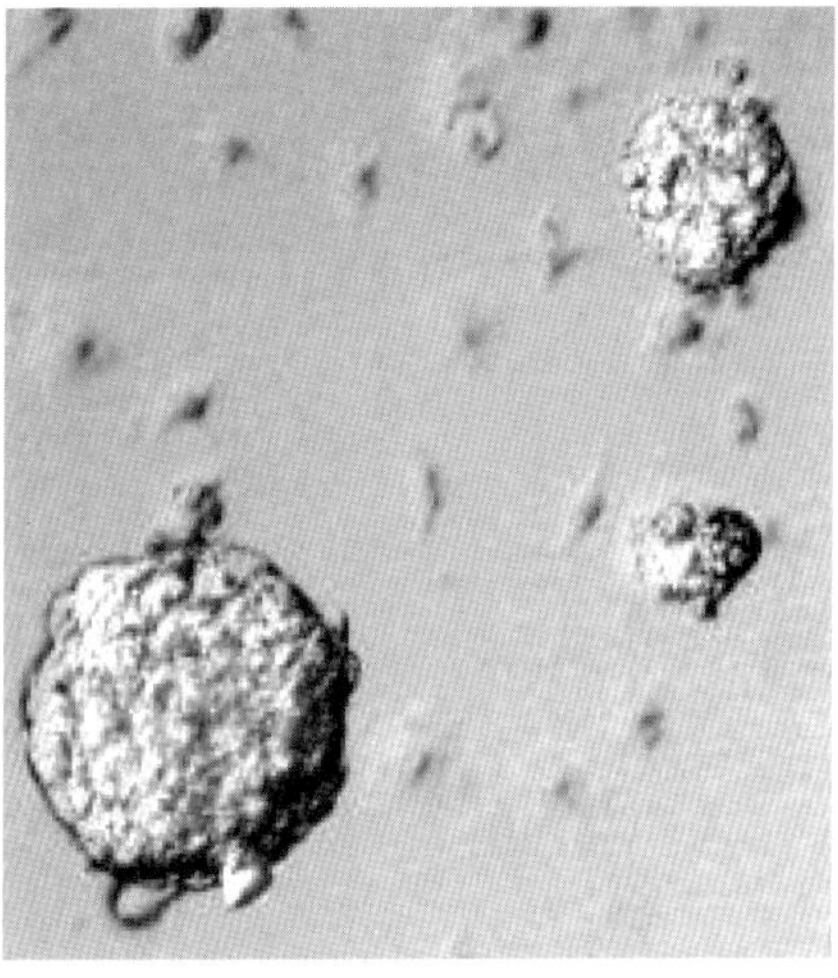

神の生命創造の領域に踏み込むことが期待されている「STAP 細胞」。

「私がやれば再現できます」と断言

綾織　その「神の領域」という部分なんですけれども、結局は、「再現できるかどうか」ということになると思うんですが。

小保方晴子守護霊　いや、私がやれば再現できます、もちろん。

綾織　はい。でも、そこの部分が、「小保方さんがした場合には再現できるが、ほかの人がすると違《ちが》う結果が出る」という性質のものというふうに……。

小保方晴子守護霊　「世界で初めて」っていうのは、だいたい、そういうものなんじゃないんですか。

綾織　あるいは、その「実験のプロセス」や「いろいろな条件」をすべて明らかにすれば、ほかの人でも同じ結果が出るものですか。「神の領域」ということになると、何か違う要素があるのかなと考えてしまうんですけれども。

小保方晴子守護霊　それは、ここ（幸福の科学）で言えば、「神の声が降ろせるかどうか」みたいなものと、「日本全国でいろんな霊《れい》の声が聞こえるっていう人がいる」ということの違いみたいなもので、「大川隆法さんが、その仕組みを説明したら、ほかの人も同じようになれるんでしょうか」っていうようなものはあるかもしれませんねえ。

まあ、最後は実用化して医療《いりょう》に使えるところまで行かなきゃいけない段階では、当然ながら、ほかの人でもできるというか、組織で、あるいは、会社でできるようなところまで行かなければならないものではあるけれども、その前の段階では、非常に慎重《しんちょう》にやっていかないと危険なところはあると思っています。

変な研究をされると、要するに、「こんなものはできない」みたいなことを、逆に言われる可能性もあるので。

理研がもたなくなるレベルの「大きな騒《さわ》ぎ」になった

斉藤　生命科学は再現が難しい分野とも言われていますし、細かいコツみたいなものの積み重ねのところもあります。

小保方晴子守護霊　そうです。

斉藤　言葉にならないような「コツ」のところもあると思うんですけれども……。

小保方晴子守護霊　それをノートに書いたら、駄目《だめ》なんです。

斉藤　そうですね。そこに関しては書き切らないところもあると思います。

小保方晴子守護霊　うん。

斉藤　プロトコル（手順）も「ネイチャー」から出されましたが、「再現性を考えると、もう少し情報が要《い》るのではないか」という話をされていた方もいます。

小保方晴子守護霊　だから、認めてくださって、あと、研究を見守ってくれるような体制がつくれたら、キチッとしたプロセスを完成していき、それが実用に乗

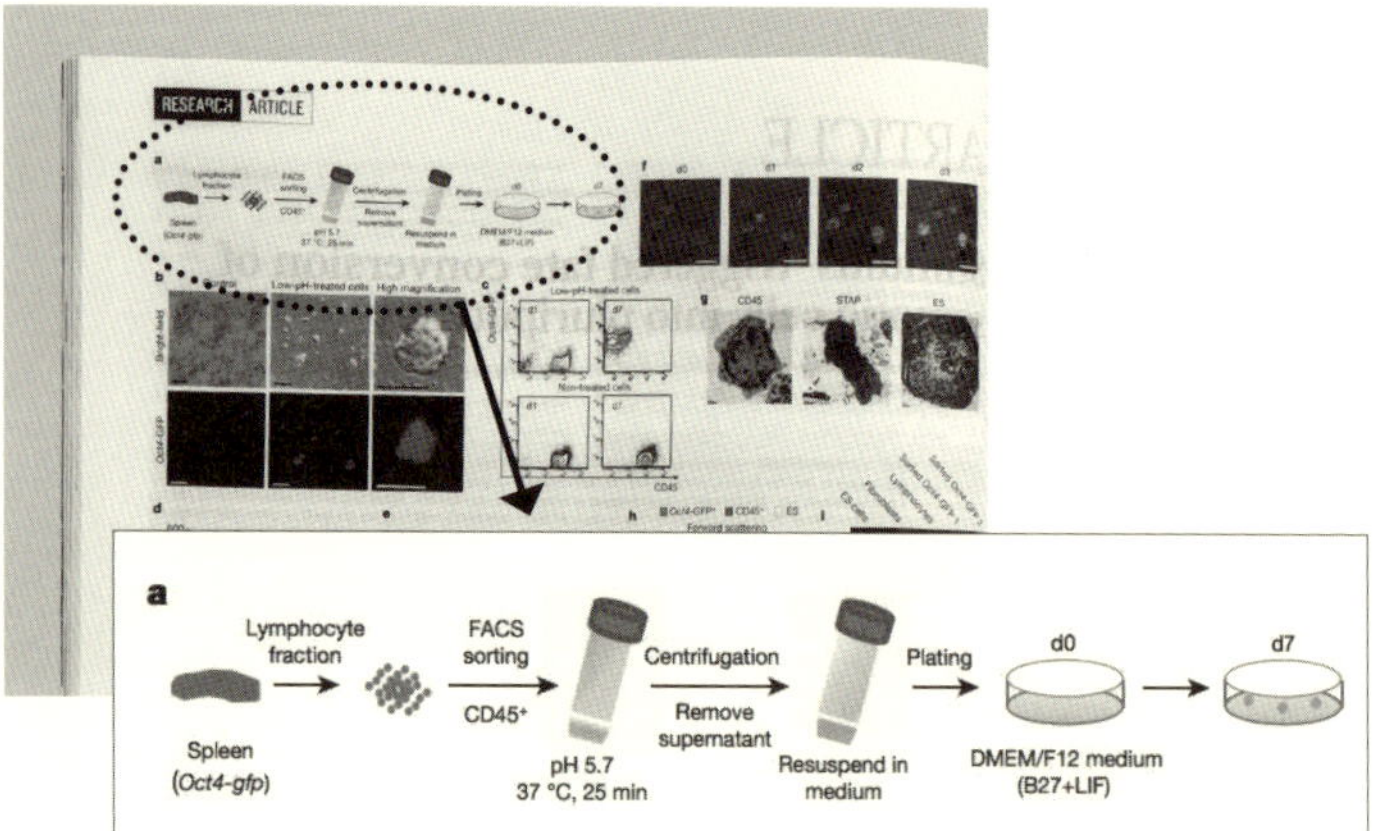

新生児マウスの脾臓から抽出したリンパ球を酸性の培地に 30 分間置いた後、7 日間培養した結果、球状の凝集塊が現れたとする。(「ネイチャー」誌 Vol.505 から)

っていくところまでお見せできたとは思うんですが、とりあえず今回は、「可能だ」ということをお知らせするところまでぐらいの気持ちではあったんです。

まあ、こんなに大きな騒《さわ》ぎになったら、理研自体がもたなくなるレベルだし、日本だと、「世の中をお騒がせしただけで辞《や》めなきゃいけない」っていう、こんなルールがあるので。

特に、理科系の人だと、マスコミのいろんな批判には弱くて、どう対応したらいいか分からないし、「理研取り潰《つぶ》し」とか、「予算削減《さくげん》」とか、そういうプレッシャーがかかってくるのを恐《おそ》れているんだと思いますけどね。過剰《かじょう》に反応しています。上が守ろうとしてくれないですから。

「小保方さんの研究を判定できる人」はいるのか

呉　小保方さんが研究を発表されたあと、マスコミから小保方さんの身辺《しんぺん》であるご友人ですとか、ご家族ですとか、研究とは関係がないような取材が入っていることについて、自粛《じしゅく》を求めるマスコミリリースをされていたかと思うんですけども。

小保方晴子守護霊　うん、うん、うん。

呉　あれは、かなり勇気が要《い》ることでないかとは思うんですが。

小保方晴子守護霊　まあ、先ほど言われましたように、マスコミの関係者には文系の方が多いですので、そうした普通《ふつう》の人に分かるようなニュースを交《まじ》えないと記事を書いたり、説明したりできないみたいなところがあって、「いろいろと分かるようなことを伝えたい。膨《ふく》らませて伝えたい」っていうことが多かったのかなあと思うんですが。単なる専門的な話だけだと、ニュースとしては、もはや結論以外は言うことがなくなってしまうので。

はっきり言えば、私の研究が正しいかどうかを判定できるような人がいるんだったら、その人がもうすでに、この研究にたどり着いているはずです。

そこまでたどり着くまでの発想力や研究力がないがゆえに、年を取られて、上にいっぱいおられるということなので、彼らから見れば、（私は）非常に生《なま》意気《いき》な存在であることは間違いないわけですね。
まあ、私の研究が正しいかどうか。こういう傲慢《ごうまん》な言い方を許していただけるとするんだったら、少し度が過ぎる言い方とは思いますが、「私を超《こ》えなきゃ、そんなこと（判定が）できるか」と言いたいぐらいです。

世界的な権威《けんい》・山中《やまなか》教授からの擁護《ようご》は「無理」

綾織　逆に言いますと、今、世界的な権威《けんい》というのは、山中《やまなか》教授であられるので、山中教授が再生医療の分野を……。

小保方晴子守護霊　山中教授はこれ（私の研究）を見た瞬間《しゅんかん》に、もう自分が

〝死んだ〟ことが分かったはずです。

綾織　そういう反応にならざるをえないのかもしれませんけども、「可能性を開く」という意味で、何か擁護《ようご》をしてくださってもいいのかなと感じたんですが。

小保方晴子守護霊　いや、無理ですね。

綾織　無理ですか。

小保方晴子守護霊　うん。「彼の業績が消えて、世間《せけん》から忘れ去られることになる」ということなので。これは、それを意味するのでね。

まあ、同業者から見れば、少なくとも彼の名声を、あと十年やそのくらいは引っ張りたい気持ちはあっただろうし、その十年ぐらいは、「これ（ＳＴＡＰ細胞）はまだ、本当かどうか分からないような状態にしておきたい」っていう感じかなと思います。

7　ＳＴＡＰ細胞《さいぼう》の作製手順がシンプルな理由とは

「簡単なシステム」でなければ、地球での生命の進化はない

綾織　今回の研究に関しては、ご本人しかその価値が分からないということだと思いますが、もし、その点を世界の人にご説明いただくとするならば、どうでしょうか。小保方さんの実験自体を見ると、ものすごくシンプルなやり方をされていまして、「そんなに簡単にできるものなのか」といった見方もあります。

小保方晴子守護霊　そうです。それが、普通《ふつう》、マスコミ人なんかが疑うやり方でしょうけども。ただ、騙《だま》すんだったら、もうちょっと複雑に騙せますので、「シンプルである」っていうのは「真理だ」っていうことです。

綾織　なるほど。「弱酸性の溶液《ようえき》に浸《つ》ける」という、非常にシンプルなやり方で、ＳＴＡＰ細胞《さいぼう》、万能《ばんのう》細胞ができるわけですが、その〝秘密の部分〟というのは何ですか。ここで語れるのかどうかは分かりませんけれども。

小保方晴子守護霊　いや、神様が世の中をつくられたときに、生命をつくられたときに、そんな複雑な工程を使ってつくられているはずがないでしょうね。

だから、実はシンプルにできるものがあるんですが、複雑に考えすぎているんじゃないかというふうに思います。

自然界に起きた現象を考えれば、「地球の四十六億年の歴史のなかで、海ができて、火山の噴火《ふんか》があって高温のマグマからだんだん冷めてきて、生命が棲《す》めるぐらいの温度になって、いったい海のなかで起きたことは何であるか」というと、「酸性」か「アルカリ性」かの変化ぐらいしかないはずなんですよ。そのくらいの変化で、一定の有機物が「量子的飛躍《ひやく》」を起こすような条件が何か起きたと考えざるをえないわけです。精巧《せいこう》なロボットを使って生命をつくったはずはないと私は思うので。

現実には、この程度の、「弱酸性」なら「弱酸性」という微妙《びみょう》な兼《か》ね合いのものが、臨界点《りんかいてん》に達したときに変化が起きるような、簡単なシステムでなければ、地球での生命の進化というものがあったはずはないというふうに思います。

「酸性」と「アルカリ性」の幅《はば》の範囲《はんい》に「生命誕生の鍵《かぎ》」がある

綾織　つまり、「生命が誕生した条件というのは、こういうものだろう」ということを、ある程度、想定されて、再現しているわけですね？

小保方晴子守護霊　そうです。ですから、「『酸性』と『アルカリ性』の幅《はば》の範《はん》囲《い》のなかに、生命誕生の鍵《かぎ》は必ずある」と見ていました。

だから、もとになる有機物は、つくれることはつくれるが、それが、どういう条件で生命を持つに至るか。もちろん、あなたがたの霊的《れいてき》な探究には別な面がおありだとは思いますけれども、この世限りの条件で考えるならば、ごく簡単な条件の変化で、それが起きなければおかしい。

「原始的な細胞ができて、それが、なぜか高度なものに進化していく条件として、この地上において、今、置かれている条件のなかから、どんなことがありえるか」ということを考えたときに、「初動期の細胞形成というのは、意外に簡単なシステムで行われたのではないか」というふうに思えるんですよね。

実験道具なんかが、いっぱいあるわけがないんですよ。

綾織　はい。

小保方晴子守護霊　それは、自然の変化で起きる範囲内で起きたはずなんです。

それは、「日照《にっしょう》」か、日照による「温度の変化」か、あるいは、水の「酸性」

か「アルカリ性」か、あるいは、「二酸化炭素の溶《と》け込《こ》み具合」か何かか。そんなような簡単なもので、生命誕生の初期のプロセスが何か起きてるはずなんですよねえ。

綾織　私たちの宗教の立場からすると、「いろいろな生命も、人間も、神様の意志が働いて創造されてきた」というプロセスになるわけですけれども……。

小保方晴子守護霊　それは、そうだと思います。

私も、そうだと思いますが、現実的に、三次元世界において起きる現象としては、極《きわ》めてシンプルな変化が起きていなければおかしい。作業員が来て、宇宙人が来て、いちいち細胞をつくっているはずがないじゃないですか。それはないと思うので、「極めてシンプルに行われている」と思われるんですよねえ。

8　遺伝子創造の「秘密」とは

人間の細胞《さいぼう》には「神様の刻印《こくいん》」が入っている

呉　やはり、有機物が集まっただけで細胞《さいぼう》ができるわけではなく、その中心に遺伝子というものが誕生することになるかと思うのですけれども……。

小保方晴子守護霊　そうです。

呉　そうした「遺伝子の秘密」について、何かご存じでしょうか。

小保方晴子守護霊　遺伝子のところは、もう、考えれば考えるほど、もちろん、神様の領域に入るんですが、うーん、はっきりと分かりやすく言えば、「設計図」ですね。

だから、単なる細胞ではあるし、例えば、人間なら人間の細胞には、ちっちゃな細胞がたくさんありますけれども、そのちっちゃな細胞一つに、人間そのものを、全部、再現するだけの設計図が入っているんですよねえ。

まあ、こういうことは、普通《ふつう》は、なかなか信じられないことだけど、実際上、そうなんですよね。それが入っている。

「そこまで、細胞内に刻印が入ってる」っていうところは、本当に、もう、

「創造の秘密」そのものに迫《せま》るところかとは思いますが、確かに、偶然《ぐうぜん》ではそんなことは起きないので、それは、郵便局のスタンプよろしく、「神様の刻印はある」と私は思います。「そうした『生き物をつくろう』という刻印はあったんだ」と思いますが、「この世における、生存条件の変化による『種《しゅ》』の進化は、ごく単純なもので起きていっているはずだ」ということは言えると思うんですよね。

それで、遺伝子が、そのあと、影響《えいきょう》を受けるかどうかっていうことですけれども、遺伝子そのものは、そういう細胞というものを一つのすみかとして、そのなかに生きている……、何て言うか、一つの〝寄生虫《きせいちゅう》〟と言ったら、ちょっと言葉が悪すぎるのでいけないですけど、「細胞を培養器《ばいようき》として、頭脳をプログラミング化した、螺旋《らせん》型の生き物みたいなもの」が、同居しているような状《じょう》況《きょう》になっているんですよねえ。

だから、はっきり言えば、これは、紙幣《しへい》の紙が自動的に送られて、上から押《お》されたら、どんどん印刷されていって、そのあと、裁断されて、お札《さつ》になって出ていくような感じで、「そういうスタンピングの技術は何かあるんだ」と思うんですけどねえ。

「神様が生き物をつくってこられた過程を再現したい」

小保方晴子守護霊　まあ、そこはちょっと難しいんですが、私は、今、最終的には、「細胞から、新しい生物がつくれないか。新しい生命体がつくれないか」というところまで考えていたのは、事実ではあるんですけどもねえ。

綾織　それは、どのレベルの生物ですか。普通の動物まで入ってくるのですか。

小保方晴子守護霊　うーん、まあ、時間がどのくらいかかるかは、分からないんですけどもね。

神様が数十億年かかってつくってこられた過程を、実験室のなかで再現できるかどうか。本当に、コアセルベート的なものから、そうした生き物が出来上がってくるのか。

もし、そのプロセスを再現できたら、すごいことになるなあとは思っていて、そんなことが、頭の奥《おく》にずっと住み続けていることではあってね。

今回のは、もうちょっと原始的な考え方で、言ってみれば、石臼《いしうす》でお正月のお餅《もち》をついているような状況です。それで、「この石臼の、お正月のお餅を丸めたら、あんこ餅とか、いろいろなお餅がつくれますよ」というぐらいの感じですねえ。「万能の、お餅のもとがつくれます」っていうような話なんですよ。だから、「餅米を蒸《む》して潰《つぶ》せば、あらゆる形のお餅がつくれるようになりますよ」というぐらいの、そのあたりのところをフォーカスしたものなんですけどねえ。

綾織　それは、単純な、科学的な実験のみで成り立つものなのでしょうか。それとも、先ほど、小保方さんの守護霊様が、「私だったらできる」というようにおっしゃっていましたけれども、何らかの、ご本人の「パワー」というか、「特殊《とくしゅ》な能力」とかかわっているものなのでしょうか。

小保方晴子守護霊　ですから、細胞もつくるけど、例えば、何でもいいんですが、メダカならメダカというものがいますけども、「メダカの生存条件をいろいろと変えると、何か『種《しゅ》の変化』が起きることがあるのかどうか」みたいなのだって、やっぱり関心はあるわけで、神様がつくられた過程を、もう一回、実験してみたい気持ちを持っているわけです。

「『進化論』は科学者として信じられない」

小保方晴子守護霊　今の「進化論」がありますけども、はっきり言って、私たちのような研究をしてる者から見れば、にわかには信じがたいものがあることはあるんですよ。

だから、原始の海に生まれた、そうした小さな細胞なるものはできるかもしれませんが、「それが象《ぞう》になったり、虎《とら》になったり、ライオンになったりする」ってことは考えがたいことで、これを、ある意味で、素直《すなお》に信じられるっていう科学者がいるんだったら、妄想癖《もうそうへき》があるように、むしろ見えますわねえ。

つまり、実際に、実験で、それがそういうふうになってくるのをつくれなければ、やっぱり、信じられないのが普通だけど、それを無前提に信じてるようなところがございますわねえ。

それだったら、科学者として、そういうふうな進化が起きていく過程を再現できなければ、やっぱりいけないというふうには思うんですよね。

今回のＳＴＡＰ細胞は、その出発点に当たるものではあったわけで、「万能細胞」と言うだけあって、いろんなものに変化していける可能性を持ったものがあれば、多種類の「種《しゅ》」が生まれてくる可能性が、これにはある。

それで、その原点にあるものは、この世的に見ると、まさかと思うほど、非常に簡単な刺激《しげき》によって生まれてくるようなものでなければ、「原始地球において、そういう生命が生まれた」ということは、仮説としても成り立たないと思っています。

もちろん「宇宙から生き物が来て、（地球に）住んだ」と言うんだったら、もう、言うことは何もございません。「全部、宇宙から来た生き物だ」と言われたら、言うことはございませんが、じゃあ、「そのもとは、どうなったのか」という疑問は、先延ばしで、もっと昔に戻《もど》るだけになりますけどね。もともとの生き物はどうなったのか。

「ビッグバン理論」を使うとしても、「百三十八億年前に、一点が爆発《ばくはつ》して無限大に広がっていった」って言ってるけど、「原爆よりもはるかにはるかに巨《きょ》大《だい》なエネルギーと熱を持った爆発が起きて、宇宙に広がって、そのなかから生き物が生まれてくる」っていう過程は、やっぱり、そう簡単に信じられるものではありません。

だから、そのなかで、宇宙が広がって、いろいろ星々が現れてきて、もし、生命が誕生するとしたならば、それは、ごくごく本当に、簡単な簡単な条件の形成から生まれてこなければいけないはずだと思います。

綾織　そうですね。

9 「神様のお助けをしたい」

人間はどのように「進化」してきたのか

綾織　「進化論」ですと、「猿《さる》などの普通の動物と、人間とがつながっている」という話になるわけですけれども、「実際には違《ちが》う」というのが私たちの立場です。

今、小保方さんの守護霊様がおっしゃった実験のなかでは、「人間の位置づけ」というものを、どのように考えていらっしゃいますでしょうか。

小保方晴子守護霊　まあ、これは、宗教にとっては、非常に大事な大事な問題なんだと思いますが、私は、「ある程度の原初的な生命体は、地球で生じさせることはできたんではないか」とは思っておるんです。

それに、先ほど、遺伝子の質問がございましたが、遺伝子は「設計図」ですので、「ある程度、高度化した段階で、その設計図を植え込《こ》んだ存在はあるんではないか」というようには思っています。

それが、神の手によって行われたのか、あるいは、異星人の手によって、生命実験として加えられたのか、そのへんについては分かりませんが、何らかの設計図の植え込みが起きて、高度な変化が起きたんではないかと推定されますねえ。

だけど、原始的な生命体は、それぞれの星が一定の条件を満たしたときに生まれなければ、やはり、宇宙での生命誕生は、難しいんではないかとは思っております。

それから、「魂《たましい》」というものが、どういうかたちで発生するのかについては、今のところ、まだ、十分には研究できていないんです。あなたがたは、転生輪廻《てんしょうりんね》のようなことをよく言われるけども、「そもそもの魂の発生は、いったいどうであったのか」っていうところは、もう一度、研究し直してみる必要はある。

まあ、宇宙のほうに起源を求めれば、責任逃《のが》れはできて、楽《らく》は楽なんです。宇宙のほうに、「生命体の起源」や、「高度な知性」や、「魂の存在」を、まず求めてしまえば、地球において、科学者は、責任を逃れることは可能ですけども、その最初のもとなる、「地球のはじめ」みたいなものはどこかになければばいけないわけであって、もし、「ビッグバン的なもので宇宙が膨張《ぼうちょう》しながら、いろいろな星々が生まれてきた」と言うならば、やはり、「その自然界の現象のなかから、何か、生まれてくる条件をつくっていかなければいけない」とは思うんですね。

だから、「外科《げか》手術的に、ほかのものから何かを植え込まれる」ってこともありえるとは思うけれども、やっぱり、第一原因を考えると、何らかのかたちの、簡単な条件の変化で起きていかなきゃいけないものがあるんじゃないかとは思います。

「男女の産み分け」はできるようになる？

斉藤　先ほどから、「簡単な条件で、この世的にも生命の誕生が進んでいく」というようにおっしゃっていますけれども、この世的に、物質として生命が動いていくところと、霊的《れいてき》な環境《かんきょう》というのは、必ずリンクはしていると思うんですね。

それで、今後、例えば、生命科学が進んで、「再生医療《いりょう》」ですとか、「新しい生命をつくる」とか、そういう流れになっていきますと、「必ず、宗教的な意味を込めた生命倫理《りんり》、医学倫理というものが必要になってくる」と思うのですけれども、そのへんについては、何かお考えがございますでしょうか。

小保方晴子守護霊　そこは難しいので、分かりにくいですけどもね。

例えば、「男性と女性の産み分け」というか、「生まれてくるときも、一定の条件で、まあ、『酸性』『アルカリ性』の加減で、男女が分かれるんではないか」という感じを持っています。その程度の「男女の産み分け」の起源が、このあたりにもあるような気はしているのです。

生命体をつくったら、次は、「男女を分けられるかどうか」の問題が出てきて、「雄《おす》にするか、雌《めす》にするか」の問題が出てくるんですが、そのへんでも、「酸性」「アルカリ性」の問題が出てくるような気がするので、意外に、シンプルなものが用意されてるんじゃないかと思うんです。

だから、母のお腹《なか》のなかで、「酸性か、アルカリ性か」みたいなもので、何かができるような気がしてしかたがないんですけどねえ。

ただ、まだちょっと力が及《およ》ばないので、全部についての構造の説明はできないんですけれども、とにかく、神の領域に入ろうとしてることは事実だと思います。

STAP細胞《さいぼう》には「つくりたい」という思いが必要？

綾織　その実験の構想のなかには、「人体をつくり出す。人間の生命をつくり出す」ということも入っているのですか。

小保方晴子守護霊　うーん。まあ、医者とかは、人体を分解して、バラバラにして、解剖《かいぼう》してですね、一本一本、神経の筋《すじ》から、筋肉の筋から、いろいろなものを分解していきますけども、それは残骸《ざんがい》ですよね。

そうではなくて、要するに、それを縫合《ほうごう》しただけで、みんな動き出したりするわけではないので、やっぱり、生命の起源のところは、科学者が立ち向かわねばならないものだというようには思っています。

だから、STAP細胞《さいぼう》そのものにしてもですねえ、この万能細胞ができるものとには、「そういうものをつくりたい」っていう私たちの思いが、すごく強く働いているかもしれないというふうに思ってはいるんですけどねえ。

綾織　中立的なものではないわけですね？　「やってみてどうだろう」ということではなくて、「つくりたい」という思いが働いている。

小保方晴子守護霊　「小さな世界ではあるけれども、『神の立場に立って、これをつくりたい』っていう気持ちがあればつくれて、『つくれない』と思ってる人にはつくれないんじゃないか」と思うところはありますねえ。

生命の「創造と発展」のもとにある神の思いを語る

斉藤　では、「物理的な手順だけではない何かが、やはりある」ということでしょうか。

小保方晴子守護霊　うーん。（約五秒間の沈黙《ちんもく》）やっぱり、私は、生命の起源は、「自由を愛しておられる神様の愛」だと思うんですよ。「達磨《だるま》さんのように手も足もない状態から、自由に動けるようにしてやりたい」っていう、その愛の気持ちから、実は、生命は生まれているんじゃないかと思うんですよね。

それが、さらに機能分化して、多様な機能を持ったり、役割を果たせるようになっていくことが、その生命の発展であって、「神は、創造と発展を喜んでおられるんじゃないか」というように思うんですよねえ。

だから、このへんのところを、何とかして解明したいなあとは思っているんですよ、今ねえ……。

まあ、「リケジョ」っていうのは、いい意味なのかどうかはよく分からないですけれども、私は、神様のお助けをしたいんですよねえ。

まあ、今は、マウスとか、あんなものでも、人間の耳をつくったり、いろいろできますけども、さまざまなものに発育していく細胞をつくって、いろいろな、体の病気とか、そういうものも治していけるようにしたい。

もっとうまくいけば、赤ちゃんの段階で、人間の器質に欠陥《けっかん》があるようなものを、違《ちが》うものに差し替《か》えることで、健全に育つような、そういう人間のつくり変えができればいいなとは思ったりもしてるんです。

まあ、そこまで才能があるかどうかは知らないけども、なんとか、新しい地平を拓《ひら》きたいと、今、考えているんですけどねえ。

「命の原点」を解き明かすスタート点に立っていた小保方氏

綾織　「神様のお助け」となると、人体だけの研究では難しくて、やはり、「魂との関係」ということが重要になってくるのですが、そこについては、どのように扱《あつか》おうとされていますか。

小保方晴子守護霊　今まで、そこを解き明かせた人がいないので……。『旧約聖書《きゅうやくせいしょ》』では、粘土《ねんど》を集めてというか、「塵《ちり》を集めて」かもしれませんけれども、「神様が、人型をつくって、息を吹《ふ》き込んだ。それが魂で、それによって命を持った」ということになっていますが、「その命の原点は、いったいどこにあるのか」っていうところは、科学者にとって非常に大事なことです。

機械的に見て、「それが機能停止する」っていうのは分かるんですが、生まれるところについては、極《きわ》めて分かりにくいところがあります。まあ、母親っていう体から分かれてくるので、「生命が分化した」というふうに見ることもできるんですけども、「そもそも、どうやってできるのか」っていう部分もあるし……。分からないことだらけなんです、ほんと言うとね。

どうして、雌《めす》の鶏《にわとり》のお腹《なか》のなかで卵ができるのか。どうして、卵からひよこが生まれてくるのか。ほんとは分からないことだらけなんですよ。

だから、「設計図がある」としか言いようがないんですが、「卵のなかにある白い、フワフワッとしたようなものに似たものが設計図だ」と言われても、「どうやって、そんなものをつくるのか」と言われたら、極めて難しいものがありますよねえ。

だけど、生殖《せいしょく》と、卵をつくって産むシステム自体は、実に簡単なものとして出来上がっていくんですよねえ。

やはり、「この生命創造の仕組みを解き明かせなければ、生命科学をやってる者として、最終的なところまで行かない」とは思っているし、「生命の創造と発育・発展のところを、どうやって解き明かすかが大事なんだ」というふうに思ってるんですけどねえ。

今回は、そのスタート点のところだったんですが、うーん……、スタート点のところで躓《つまず》いてしまったので、なかなか厳しいですねえ。

綾織　ぜひ、その思いを遂《と》げていただきたいと思います。

10 過去世《かこぜ》も「異端審問《いたんしんもん》」に遭《あ》った科学者

「重力《じゅうりょく》の研究」もしていた有名な科学者として生まれた

綾織　今、お話をさせていただいている守護霊様は、もともと、そういう問題意識を持ちながら、地上での人生経験もされ、今、小保方さんを導かれているということなのでしょうか。

あなたが、過去に、どういう経験をされてきたのかということについて、非常に関心があります。

小保方晴子守護霊　うーん。それは、あるでしょうねえ。それはあると思いますね。

まあ、今のような職業が、いつの時代にもあったわけではないので（笑）……。過去には、こういう職業はなかったもんですから、みんな、〝転職組〟だと考えていただいて結構かと思います。こんな職業は、過去にはなかったので、〝転職組〟ではあるんですけど……。

過去では、別なことをやってたかもしれません。うーん、昔は、「重力《じゅうりょく》の研究」なんかをしたこともあるんですけどねえ。

綾織　重力？

小保方晴子守護霊　重力の研究。うん、うん、うん、うん。

綾織　ほお。

小保方晴子守護霊　今、流行《はや》りのグラビティ（重力）です。前は、科学者として、そういう研究とかをしたこともあるんですけどねえ。

「鉄の塊《かたまり》と羽毛とは、空気抵抗《ていこう》に差がなかったら、同時に地上に落ちる」とか、こういう、人間がなかなか信じる

ピサの斜塔
イタリアのピサ市にある教会の鐘楼。現在、約４度の傾きがある。かつて、「落体の法則」の証明のために、ガリレオが、塔の頂上から大小２種類の球を同時に落とし、地面に着くことを実験して見せたという伝説が有名。

ことができないことを言ったり、書いたりしてたことはあります。

斉藤　では、ピサの斜塔《しゃとう》で実験されましたか。

小保方晴子守護霊　そうです。

呉　異端審問《いたんしんもん》を受けられましたか。

小保方晴子守護霊　異端審問ねえ。まあ、得意ですね。

綾織　ああ……、そういうことですか。

ガリレオ・ガリレイ（1564 ～ 1642）
イタリア、ルネサンス末期の物理学者、自然学者、天文学者、哲学者。木星の４つの衛星や金星食、太陽の黒点の発見、「振り子の等時性」や「落体の法則」の発見など、数々の功績を挙げ、「近代科学の父」「天文学の父」と称される。のちに地動説を唱えたことで、異端審問にかけられて有罪判決を受けたが、**「それでも地球は動く」**とつぶやいたとされる話は有名。なお、2014 年はガリレオ生誕 450 周年に当たる。

2013 年 4 月に収録されたガリレオの霊言。（『公開霊言　ガリレオの変心』〔幸福の科学出版〕所収）

小保方晴子守護霊　うーん。まあ……、ピサの斜塔でも、ピザでも結構ですけども、なんか、そういうところに懐《なつ》かしいものを感じますね（注。小保方晴子氏の過去世《かこぜ》は、ガリレオ・ガリレイと思われる。その後、現世の生命までの間に、有名な女性の科学者が存在しているかに感じられる）。

綾織　ということは、今世《こんぜ》も、最終的に

マリー・キュリー（1867～1934）
ポーランドの物理学者・化学者。キュリー夫人として有名。放射線の研究でノーベル物理学賞を受賞し、女性初の受賞者になった。さらに、ラジウム等の新元素発見の功績で化学賞も受賞。同一人物による２度の受賞、異なる分野での受賞も初。科学における先取権を取ることに強い意識を持ち、研究内容を簡潔にまとめた論文を、ただちに科学アカデミーに送ったといわれる。（本書「まえがき」参照）

は認められると？

小保方晴子守護霊　分かりません。

綾織　ああ、そうですか（笑）。

小保方晴子守護霊　ええ。死後、認められることもあるかもしれません。

綾織　では、何らかのかたちで、実験を続けていかなければいけないですよね？

小保方晴子守護霊　うーん、今、〝葬《ほうむ》られる〟かどうか、ギリギリのところです。

本人が、ちょっと、もちかねてはいるのでね。組織が守ってくれませんから、海外に逃亡《とうぼう》するか、国内にいたら、自殺するか。そういうふうになりそうな……。

あるいは、研究者としての道を断たれて、「結婚《けっこん》相談所に登録して、どっかへ行ってしまえ」というようなかたちになるか。

まあ、どのようになるか分からない状態ですけども、私自身は、異端審問を受けるような研究をするのは好きな人間です。

綾織　もしかしたら、海外のほうがいいかもしれませんね。

小保方晴子守護霊　海外のほうがいいですかねえ。うーん。
「人命創造」に関心を持っているのは地球人だけではない？

綾織　ただ、そのうち、日本にも、いい大学が出てくると思います。

小保方晴子守護霊　いい大学がねえ。そうですか。守ってくれるんでしょうかね、その、「いい大学」っていうのは。

綾織　そうですね。守れると思います。

小保方晴子守護霊　予算があるんでしょうかね。

綾織　それについては、頑張《がんば》ります。

小保方晴子守護霊　うーん、まあ、今回は、ちょっとハンディがありすぎたので……、うーん。

早稲田《わせだ》だって、今は、総理大臣を出してるんですから、まあ、いいじゃないですかねえ。

綾織　そうですね。

小保方晴子守護霊　ええ。ハーバードにだって行って、ハーバードの医学部で勉強したんですから、いちおう、ある程度、条件は満たしてると思うんですけどねえ。

それに、「若い」っていうことは悪いことではないじゃないですか。物理とか、数学とかなら、「若い人」ですよね。経済とかでもねえ。

だから、日本人っていうのには〝ハンディ〟があるんですよ。

グレゴール・ヨハン・メンデル（1822～1884）
オーストリアの植物学者・修道士。司祭としての修道生活の傍ら、エンドウの人工交配による遺伝実験を行い、「メンデルの法則」を発見。その研究成果は生前には認められず、死後十数年にして、後進の学者に発見され、ようやく承認されるところとなった。その後、遺伝学の基礎を確立した「遺伝学の祖」と称せられる。

斉藤　そのような偉大《いだい》な科学者が過去世であるということですと、周りには、ほかに仲のいい科学者の方や研究者の方が……。

小保方晴子守護霊　同一人物ではありませんが、今、協力してくださっているのは……、メンデルさんとかが協力してくださっています。やっぱり、こういう、遺伝みたいなものを考えていらっしゃるようですねえ。

そういうのを知りたいところと、もう一つは、まあ、さっきから、チラチラと言ってしまいましたが、宇宙の世界のほうからも、人命創造に関して関心を持っている方が来ていらっしゃるようではあります。私が明らかにしていいかどうかは、分からないんですけども……。

斉藤　では、特に、仲のよい宇宙の星などもあるのでしょうか。

小保方晴子守護霊　うーん。これは、神の創造にかかわることなので、はっきりは言えない……。私の領域を超《こ》えるから、やっぱり、違《ちが》う方に言ってもらうべきなのかとは思いますが、最近、特に、生命工学に関しましては、やはり、宇宙のほうからも、だいぶ乗り出してきておられるようです。地球に「新しい種《しゅ》」を誕生させたがってる人たちがいるんですよね。

「近いうちに、地球環境《かんきょう》の激変が起きるかもしれないから、そのときに、どんな生命体なら住めるか」ということで、まあ、魂《たましい》の〝引っ越《こ》し先〟をつくろうとしている方はいるようですね。そういう人たちも来ていらっしゃいます。

地球人が知らないだけで、さまざまな星から来ていて、影響《えいきょう》はしているようです。

この前、ＮＨＫさんの番組が、地球人のアブダクションについて、「アメリカでよく言われてるけども、これは、脳の作用で、怖《こわ》い記憶《きおく》みたいなものを、間違った記憶として再現して体験したように思うんだ」みたいな説明をしていたようですけど、そういう説明をする人も「操作されている」っていうことを知らなければいけないと思うんです。

そういうふうに思わせるように操作されてるのですが、実際に、「次は、どのような人体の変化が必要か」っていうことは、今、真剣《しんけん》に研究されているようですね。

斉藤　今、ちらっと、「環境が激変するかもしれない」とおっしゃいましたけれども……。

小保方晴子守護霊　はいはい。

斉藤　そういう未来の情報などは、もう開示されているのでしょうか。

小保方晴子守護霊　まあ、分かることも分からないこともありますが……。一つには、もちろん、二酸化炭素の問題もあるし、地球温暖化の問題と寒冷化の問題等もあるし、「陸と海が入れ替《か》わるようなことが起きるかもしれない」っていうようなことも考えているし、あるいは、「太陽の光が、かなり遮《さえぎ》られるような時代が来る可能性もある」というふうにも見ているので、霊界《れいかい》では、あらゆる場合に備えて、研究が進んでいますけどもねえ。

「医学の父」と呼ばれた魂《たましい》も関係がある

綾織　現在、小保方さんの周りには、以前に、そういう異端審問《いたんしんもん》をやった人たちも出ている状態なのでしょうか。

小保方晴子守護霊　異端審問をされた人……。え？　え？

綾織　異端審問をした側ですね。

小保方晴子守護霊　ああ、「周りに生まれている人に」っていうことですか。

綾織　はい。今の環境のなかにいますか。

小保方晴子守護霊　いや、そういう人は、いつの時代にもいらっしゃるんじゃないでしょうか。いつの時代もたくさんの方々がいらっしゃると思います。だから、別に、「ローマ法王《ほうおう》が生まれてきて、私を異端にしようとしている」というような、そんなことはないんじゃないかと思います（笑）。異端審問をされたほうの方は、霊界では、ほかにもいるかもしれませんが……。

斉藤　あなたの周りのお仲間の方々は、今、一緒《いっしょ》に生まれてきて、「新しい未来科学をつくろう」という感じで来ておられるのですか。

小保方晴子守護霊　まあ、分野は、ちょっと違うことも多いので……。違う時代には、同じ職業がないことも多いから、職業替えをしなければならないことはありますよね。

例えば、昔だったら、建造物をつくったような方が、今だったら、コンピュータビジネスみたいなもののほうに入られることだってありますしねえ。

そういう方もいるとは思うし、そうですねえ、あるいは、意外に、人の絵を描《か》いてたような人が、整形外科みたいなところで、すごい天才的な腕《うで》を振《ふ》るっているようなことだってあることもあるし（笑）……。「美とは何か」を、違うかたちで追究なされているようなこともあるようですねえ。
あとは、私に関係がある者としては、まあ、だいぶ古い人にはなりますけども、ヒポクラテスっていう名前の方が、関係のある魂《たましい》として存在してはいます。

綾織　あなたの転生《てんしょう》の一つでいらっしゃいますか。

小保方晴子守護霊　「転生」というふうに

ヒポクラテス
(前460頃～前370頃)
古代ギリシャの医学者。それまでの迷信や呪術が主体だった医術から、臨床と観察を重んじる経験科学的な医学の基礎を確立。また、医師としての倫理規範等にも多くの見解を遺し、「医聖」「医学の父」と称されている。

言うのかどうかは、ちょっと……。私は、宗教的な定義を、よく理解はしていないんですけども、そういう方は存在していますね。

よく分かりませんけれども、「細胞分裂《さいぼうぶんれつ》みたいな存在だ」というふうに聞いてはいるんですが……。

綾織　はい。ありがとうございます。

11　ＳＴＡＰ細胞《さいぼう》は「絶対にあります」

小保方晴子氏自身のなかにある「ＳＴＡＰ細胞《さいぼう》をつくる鍵《かぎ》」

小保方晴子守護霊　まあ、（今日は）あなたがたのところに出たのが正解か、それとも、迫害《はくがい》を加速させるのかは、ちょっと分からないんですけどねえ。

綾織　何とか、擁護《ようご》できるように、守れるようにやってみたいと思います。

小保方晴子守護霊　擁護できますかねえ。うーん……。「とうとう血迷《ちまよ》ったか」と言われるかもしれないとも思うんですがねえ。

斉藤　これからの問題で言いますと、「ＳＴＡＰ細胞《さいぼう》があるか、ないか」ということが、やはり、重要になってきますが、ここで「ある」と断言してくださいましたので……。

小保方晴子守護霊　うん。あります！　絶対にありますし、つくれます。でも、私は、必要です。

綾織　はい。

小保方晴子守護霊　私がいないと駄目《だめ》です。私の「頭のなかのノート」に記載《きさい》されているものがありますが、これは、まだ公開する段階でないものが、そうとうあります。

人類の役に立つところまで、まあ、生産まで、あるいは、多くの人が研究できる段階まで進めることができたら、もっともっと細かい情報を開示して、完成させたいとは思っておりますけど……。

とりあえず、今のところ、私は、日本がその方向で、世界のトップリーダーになれるように引っ張っていこうとしているんですけど、「アメリカへ行かなければ研究はできない」って言うんだったら、日本っていう国は、学問的には寂《さみ》しい国だなあというふうには考えますねえ。

これからの五十年で「生命科学」の領域が激変する

綾織　なんとか日本で続けられるように、私たちも言論、その他で働きかけていきます。

小保方晴子守護霊　うーん。私、そんな悪人《あくにん》に見えますかねえ？　あの、そんな……。

綾織　まあ、イメージがつくり上げられていると思います。

小保方晴子守護霊　「教授にかわいがられる」っていう言われ方は、いやらしいけど、気に入られて困ることはありませんけどねえ。

綾織　そうですね。

小保方晴子守護霊　気に入られるだけじゃないでしょう。嫌《きら》われることだってあるわけです、これを見たらねえ。それを嫉妬《しっと》する人もやっぱり出てくるわけですから。

そういう意味での〝横槍《よこやり》〟は入って、「なんか、うまくやったんじゃないか」みたいな言い方もあるんでしょうからねえ。

でも、今のところ、ハーバードの先生が応援《おうえん》してくださっているのが、最後の頼《たの》みの綱《つな》ではありますけど。
　うーん、リケジョのどこが悪いんですかねえ？

綾織　本当に真理を探究されている科学者だということは、よく分かりました。

小保方晴子守護霊　今回は女性のほうが偉《えら》いんですよお。だいたい男性は、没《ぼっ》落《らく》の時代に入っているんです。

綾織　あっ、そうですか（笑）。

小保方晴子守護霊　ええ、ちょっと、〝お仕置《しお》き〟が入っているし、生命の誕生は女性に関係があるので、今は女性のほうが〝偉い〟時期なんですよね。

おそらく、もうすぐ「新種」が地球に生まれてくる時代に入るんだろうと思います。これからの五十年ぐらいで、「生命科学」の領域が激変すると思うし、人間の手によって、「新しい生命体」がつくれるようになる時代が来るというふうに思いますねえ。

綾織　はい。ぜひ実現いただきたいですし、応援したいと思います。

三年あれば全部を説明可能なかたちで発表できる

小保方晴子守護霊　私が宗教のほうに出るっていうことは、いいかどうか知らないけど、幸福……、まあ、科学なんですよね？

綾織　科学ですね。はい。

小保方晴子守護霊　科学なんですよね。だから、「科学のところに、ちょっと顔を出した」っていうところですかねえ。

おたくも、ダミーでもいいから、研究センターか何かつくっていただけないですかね（笑）、ほんとね。まあ、やっぱり少し出にくいですね。宗教って言われると、少し……。

綾織　まあ、これからの「未来の科学」ですので。

小保方晴子守護霊　私は、細かいところをつつかれたら、いろいろあるのかもしれませんが、それは、まあ、言いにくいけど、〝企業《きぎょう》秘密〟の部分がそうとうあるので、明らかにできない部分があるんです。

公開したら、みんなが見て、一斉《いっせい》に研究され始めると、ちょっと困るというか、もうちょっと進めとかなきゃいけないというか、完成させなきゃいけない部分がちょっと残ってるので。

だから、「自分を守る」ためなら出さなきゃいけないんだけど、「研究を守る」ためなら、出しちゃいけない部分が、まだあるんで。

まあ、マスコミの方々には、「もうちょっと、そっとしておいてもらえないかなあ」っていう感じがあるし、あと、ユニットの人たちが、一緒《いっしょ》にまた協力をしてくださるように、静かな環境《かんきょう》をつくってくださればありがたいなあと思います。

最低でも一年ですが、まあ、三年ぐらい猶予《ゆうよ》をじっくり見てくだされば、ある程度、ご満足のいけるところまで、全部を説明できるようなかたちでは発表できると思うんですよねえ。

だから、どうか、理研や早稲田《わせだ》大学が、焦《あせ》って、あとで後悔《こうかい》するようなことをしないでいてくださるように、お願いしたいと思います。

「私は神様と共存できる科学者」と語る小保方氏守護霊

綾織　はい。ありがとうございます。まだまだ結論を出すのは早く、時間がかかるということですね。

小保方晴子守護霊　そうなんです。それは無理だと思うんです。考えついた人がいなかったんでしょうから。

だけど、私は「神様と共存できる科学者」だと自分では思ってますよ。そう思ってますので。

（手元の資料を見ながら）ねえ、別に、主婦でもできそうな雰囲気《ふんいき》の写真に写ってるじゃないですか、今回は。男性のときはそうではないでしょうが、今回は女性でいけそうな感じに、構造上、いちおうできてるじゃないですか。だから、そういう意味で、「女性の地位の向上」と「職業の拡大」に役に立つと信じているんですけどねえ。

綾織　そのようになることを私たちも願っています。

小保方晴子守護霊　「リバティ」っていう雑誌、力があるんでしょうか？

綾織　頑張《がんば》ります（笑）。

小保方晴子守護霊　大手に簡単にやられてしまうんですかねえ。

綾織　頑張ります。はい（注。本霊言の翌日の記者会見では、「ザ・リバティ」記者が「再現実験」の参加への期待について質問し、小保方氏本人が涙を流しながら真摯《しんし》に回答した）。

小保方晴子守護霊　私は、そう多くは言わないので、「最低でも一年、できたら三年ぐらい、研究する環境を確保させてください。その後、判断されても結構ですけど、まだ今はちょっと判断を待ってください」とお願いしたいということなんですよね。

もうちょっと先にあるものが見えていて、もう一段、人間の手によって、生命をつくり出せる技術のところまでたどり着きたいと思っているので、もう少し時間をくだされればありがたいなと思ってるんですけどね。

綾織　それをしっかりお伝えさせていただきます。

小保方晴子守護霊　うん。うん。ああ、じゃあ。

綾織　本日は、ありがとうございました。

小保方晴子守護霊　ありがとうございました。

12　小保方晴子さんの守護霊インタビューを終えて

もう少し「時間」と「研究環境《かんきょう》」を与《あた》えてあげたい

大川隆法　うーん、ハハハ（笑）。

どうなんですかねえ。偉《えら》い方なんでしょうか。まあ、髭《ひげ》を生やした、年をとったおじさんだったら、文句《もんく》は言われなかったんですかねえ。

綾織　でも、「世界的な事件」が起こっているということになるのでしょうね。

大川隆法　だから、否定に入ってきているわけなんですね。確かに、「山中伸弥《やまなかしんや》さんが危機になる」と言っていましたが、先般《せんぱん》、ノーベル賞をもらったところですよね。

綾織　そうですね。

大川隆法　確かにそうなのかもしれません。「こんなものがあったら困る」ということですか。

綾織　まあ、日本発の技術ということで、山中教授も一緒《いっしょ》にやってくれるといいのですが。

大川隆法　たいてい海外で発表して、賞などをもらうことが多いから、日本でやって、できるというのは、確かにすごいことではあるのでしょう。

まあ、私たちには十分には訊《き》けませんが、専門的なことで記者会見をしたら、やはり訊きたいことがたくさんあるのかもしれません。

ただ、もう少し時間を与《あた》え、研究環境《かんきょう》を与えてあげてもいいように、私は思います。そうしたら、自分から全部、明らかにしていこうとするのではないでしょうか。

たぶん、彼女が思っているところの〝三合目《さんごうめ》〟にも、まだ行っていないのだろうと思います。おそらく、もう少し先まで考えているのでしょう。「この万能細胞《さいぼう》が、どういうふうに万能に変化していくか」というところまでやりたいのだろうという感じがします。

今回の守護霊インタビューを企画《きかく》した本当の理由

大川隆法　また、週刊誌のほうにも、やや行きすぎた面もあるという気はします。小保方さんは、今、入院していらっしゃるそうですが、なんとか、無事に危機を乗り越《こ》えてくださることをお祈《いの》りしましょう。私どもとしては、神様の存在も信じているような科学者が、人類の進化に貢献《こうけん》してくださるのであれば、ありがたいことだと思っています。

私は、早稲田《わせだ》大学出身者からノーベル賞受賞者が出ても、決して悪いとは思っていませんし、嫉妬《しっと》する気も、さらさらございません。ぜひとも頑張《がんば》っていただきたいと思うし、日本で研究をして賞を取られるのは、本当にありがたいことだと思っています。いつも、「アメリカで」とかいうのばかりなのは、非常に情けないのではないでしょうか。

上のほうが、年功序列と〝徒弟奉公《とていぼうこう》〟で、それを邪魔《じゃま》するのであれば、やはりよくないと思います。こういう発明・発見は、年齢《ねんれい》に関係なくあるかもしれないものでしょう。

小保方さん本人は、「STAP細胞そのものは存在する」と主張しているので、できれば時間と環境を与えてあげたいというのが、私の率直《そっちょく》な気持ちです。どのくらい偉い人かというのは、人間、人生が終わるまで分からないことであろうと思います。

今日は、月刊誌（「ザ・リバティ」）の発刊まで、だいぶありますので、短い何かが発信されるぐらいのものかもしれません。ただ、何か〝従軍慰安婦《じゅうぐんいあんふ》〟の韓国《かんこく》のお婆《ばあ》さんと橋下《はしもと》市長が会う前の日に発信したときのような感じのものを、今日感じたので、何かやらなければいけないのではないかと思いました（注。二〇一三年五月二十一日に、自称《じしょう》・元従軍慰安婦の女性二名の守護霊霊言が収録された三日後、同霊言を引用したビラが各地で配られ、女性たちは橋下市長との面会をキャンセルした。『神に誓《ちか》って「従軍慰安婦」は実在したか』〔幸福実現党刊〕参照）。

綾織　〝超《ちょう》特急〟で記事を出したいと思います。

大川隆法　「もう間に合わなくなるのではないか」という感じがあったのです。「これでクビになったり、資格を剝奪《はくだつ》されたりすると駄目《だめ》になるのではないか」という感じがしたので、録《と》りたくなったわけです。

本当に、どこまで〝偉い人〟か検証するところまでは行っていないかもしれませんけれども、「ある程度、可能性のある方なのではないか」ということは言ってもよいのではないかと思います。以上です。

綾織　ありがとうございました。

あとがき

われながら、損な性分《しょうぶん》とは思うものの、私は正義に反することは見逃すことができない。嫉妬心の渦巻きみたいになって、世間のいい大人たちが、この若き日本人の女性天才科学者を異端審問《いたんしんもん》することを放置できない。

科学者の世界の陰湿なイジメの体質は改善しなくてはならない。「真理」や「善」を一歩前に進めることこそ要《かなめ》である。

私どもの応援がどの程度、小保方博士の応援になるかは分からない。むしろマスコミを逆方向に焚《た》き付けることになることも危惧《きぐ》はしている。ただ現在のところ、私どもには小保方さんとは何の利害関係もなく、リスクをおかすことで私が宗教家として有名になるわけでもない。ひたすら、「真実を死なせてはならない」と考えるのみである。小保方さん、頑張れ!!

二〇一四年　四月九日

幸福《こうふく》の科学《かがく》グループ創始者兼総裁《そうししゃけんそうさい》　大川隆法《おおかわりゅうほう》

『小保方晴子さん守護霊インタビュー　それでも「ＳＴＡＰ細胞」は存在する』
大川隆法著作関連書籍

『公開霊言　ガリレオの変心』（幸福の科学出版刊）
『「未来産業学」とは何か』（同右）
『未来にどんな発明があるとよいか』（同右）
『もし湯川秀樹博士が幸福の科学大学「未来産業学部長」だったら何と答えるか』（同右）
『神に誓って「従軍慰安婦」は実在したか』（幸福実現党刊）

小保方晴子《おぼかたはるこ》さん守護霊《しゅごれい》インタビュー
それでも「STAP細胞《さいぼう》」は存在《そんざい》する

2014年4月15日　初版第1刷
2014年4月21日　　　第2刷

著　者　　大《おお》　川《かわ》　隆《りゅう》　法《ほう》

発行所　　幸福の科学出版株式会社
〒107-0052 東京都港区赤坂2丁目10番14号
TEL(03)5573-7700
http://www.irhpress.co.jp/

印刷・製本　株式会社 東京研文社

落丁・乱丁本はおとりかえいたします

ISBN978-4-86395-459-5 C0030
Photo: 時事／Nature Publishing Group／NotFromUtrecht

大川隆法霊言シリーズ・未来へのメッセージ

公開霊言
ガリレオの変心
心霊現象は非科学的なものか

霊魂が非科学的だとは証明されていない！ 唯物論的な科学や物理学が、人類を誤った方向へ導かないために、近代科学の父が霊界からメッセージ。

1,400円

トーマス・エジソンの未来科学リーディング

タイムマシン、ワープ、UFO技術の秘密に迫る、天才発明家の異次元発想が満載！ 未来科学を解き明かす鍵は、スピリチュアルな世界にある。

1,500円

H・G・ウェルズの未来社会透視リーディング
2100年――世界はこうなる

核戦争、世界国家の誕生、悪性ウイルス……。生前、多くの予言を的中させた世界的SF作家が、霊界から100年後の未来を予測する。

1,500円

※表示価格は本体価格（税別）です。

大川隆法霊言シリーズ・**最新刊**

竜宮界の秘密
豊玉姫が語る古代神話の真実

記紀神話や浦島伝説の真相とは？ 竜宮界の役割とは？ 美と調和、透明感にあふれた神秘の世界の実像を、竜宮界の中心的な女神・豊玉姫が明かす。

1,400円

トス神降臨・インタビュー アトランティス文明・ピラミッドパワーの秘密を探る

アンチエイジング、宇宙との交信、死者の蘇生、惑星間移動など、ピラミッドが持つ神秘の力について、アトランティスの「全知全能の神」が語る。

1,400円

「忍耐の時代」の外交戦略 チャーチルの霊言

もしチャーチルなら、どんな外交戦略を立てるのか？ “ヒットラーを倒した男”が語る、ウクライナ問題のゆくえと日米・日ロ外交の未来図とは。

1,400円

幸福の科学出版

大川隆法 ベストセラーズ・未来への進むべき道を指し示す

忍耐の法

「常識」を逆転させるために

第１章　スランプの乗り切り方
——運勢を好転させたいあなたへ

第２章　試練に打ち克つ
——後悔しない人生を生き切るために

第３章　徳の発生について
——私心を去って「天命」に生きる

第４章　敗れざる者
——この世での勝ち負けを超える生き方

第５章　常識の逆転
——新しい時代を拓く「真理」の力

2,000円

法シリーズ
第20作

人生のあらゆる苦難を乗り越え、夢や志を実現させる方法が、この一冊に——。混迷の現代を生きるすべての人に贈る待望の「法シリーズ」第20作！

「正しき心の探究」の大切さ

靖国参拝批判、中・韓・米の歴史認識……。「真実の歴史観」と「神の正義」とは何かを示し、日本に立ちはだかる問題を解決する、2014年新春提言。

1,500円

幸福の科学出版

大川隆法 ベストセラーズ・「幸福の科学大学」が目指すもの

「ユング心理学」を宗教分析する

「人間幸福学」から見た心理学の功罪

なぜユングは天上界に還ったのか。どうしてフロイトは地獄に堕ちたのか。分析心理学の創始者が語る、現代心理学の問題点とは。

1,500円

湯川秀樹のスーパーインスピレーション

無限の富を生み出す「未来産業学」

イマジネーション、想像と仮説、そして直観──。日本人初のノーベル賞物理学者が語る、幸福の科学大学「未来産業学」の無限の可能性とは。

1,500円

未来にどんな発明があるとよいか

未来産業を生み出す「発想力」

日常の便利グッズから宇宙時代の発明まで、「未来のニーズ」をカタチにするアイデアの数々。その実用性と可能性を分かりやすく解説する。

1,500円

もし湯川秀樹博士が幸福の科学大学「未来産業学部長」だったら何と答えるか

食料難、エネルギー問題、戦争の危機……。21世紀の人類の課題解決のための「異次元アイデア」が満載! 未来産業はここから始まる。

1,500円

幸福の科学出版

大川隆法霊言シリーズ・**無神論・唯物論を打破する**

進化論―150年後の真実

ダーウィン／ウォーレスの霊言

ダーウィン「進化論」がもたらした功罪とは？ ウォーレスが唱えた、もうひとつの「進化論」とは？ 現代人を蝕む唯物論・無神論のルーツを解明する。

1,400円

公開霊言
ニーチェよ、神は本当に死んだのか？

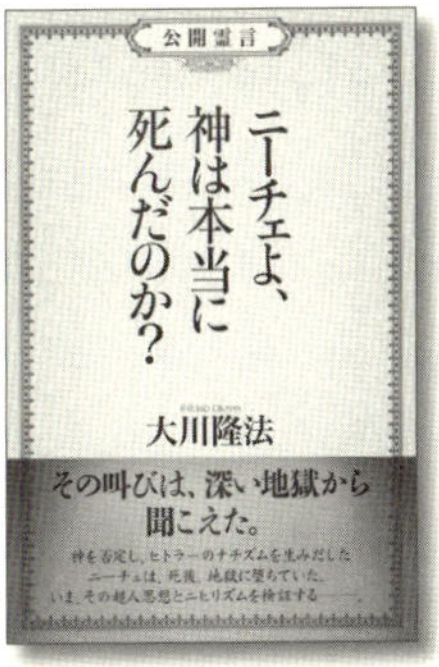

神を否定し、ヒトラーのナチズムを生み出したニーチェは、死後、地獄に堕ちていた。いま、ニーチェ哲学の超人思想とニヒリズムを徹底霊査する。

1,400円

フロイトの霊言

神なき精神分析学は人の心を救えるのか

人間の不幸を取り除くはずの精神分析学。しかし、その創始者であるフロイトは、死後地獄に堕ちていた――。霊的真実が、フロイトの幻想を粉砕する。

1,400円

幸福の科学グループのご案内

宗教、教育、政治、出版などの活動を通じて、地球的ユートピアの実現を目指しています。

宗教法人　幸福の科学

一九八六年に立宗。一九九一年に宗教法人格を取得。信仰の対象は、地球系霊団の最高大霊、主エル・カンターレ。世界百カ国以上の国々に信者を持ち、全人類救済という尊い使命のもと、信者は、「愛」と「悟り」と「ユートピア建設」の教えの実践、伝道に励んでいます。

（二〇一四年四月現在）

愛

幸福の科学の「愛」とは、与える愛です。これは、仏教の慈悲《じひ》や布施《ふせ》の精神と同じことです。信者は、仏法真理をお伝えすることを通して、多くの方に幸福な人生を送っていただくための活動に励んでいます。

悟り

「悟り」とは、自らが仏の子であることを知るということです。教学《きょうがく》や精神統一によって心を磨き、智慧《ちえ》を得て悩みを解決すると共に、天使・菩薩《ぼさつ》の境地を目指し、より多くの人を救える力を身につけていきます。

ユートピア建設

私たち人間は、地上に理想世界を建設するという尊い使命を持って生まれてきています。社会の悪を押しとどめ、善を推し進めるために、信者はさまざまな活動に積極的に参加しています。

国内外の世界で貧困や災害、心の病で苦しんでいる人々に対しては、現地メンバーや支援団体と連携して、物心両面にわたり、あらゆる手段で手を差し伸べています。

年間約３万人の自殺者を減らすため、全国各地で街頭キャンペーンを展開しています。

公式サイト　www.withyou-hs.net

ヘレン・ケラーを理想として活動する、ハンディキャップを持つ方とボランティアの会です。視聴覚障害者、肢体不自由な方々に仏法真理を学んでいただくための、さまざまなサポートをしています。

公式サイト　www.helen-hs.net

INFORMATION

お近くの精舎・支部・拠点など、お問い合わせは、こちらまで！

幸福の科学サービスセンター

TEL. 03-5793-1727（受付時間 火〜金：10〜20時／土・日：10〜18時）

宗教法人 幸福の科学 公式サイト **happy-science.jp**

教育

学校法人 幸福の科学学園

学校法人 幸福の科学学園は、幸福の科学の教育理念のもとにつくられた教育機関です。人間にとって最も大切な宗教教育の導入を通じて精神性を高めながら、ユートピア建設に貢献する人材輩出を目指しています。

幸福の科学学園

中学校・高等学校（那須本校）
2010年4月開校・栃木県那須郡（男女共学・全寮制）
TEL **0287-75-7777**
公式サイト **happy-science.ac.jp**

関西中学校・高等学校（関西校）
2013年4月開校・滋賀県大津市（男女共学・寮及び通学）
TEL **077-573-7774**
公式サイト **kansai.happy-science.ac.jp**

幸福の科学大学（仮称・設置認可申請中）
2015年開学予定
TEL **03-6277-7248**（幸福の科学 大学準備室）
公式サイト **university.happy-science.jp**

仏法真理塾「サクセスNo.1」 TEL **03-5750-0747**（東京本校）
小・中・高校生が、信仰教育を基礎にしながら、「勉強も『心の修行』」と考えて学んでいます。

不登校児支援スクール「ネバー・マインド」 TEL **03-5750-1741**
心の面からのアプローチを重視して、不登校の子供たちを支援しています。
また、障害児支援の**「ユー・アー・エンゼル！」**運動も行っています。

エンゼルプランV TEL **03-5750-0757**
幼少時からの心の教育を大切にして、信仰をベースにした幼児教育を行っています。

シニア・プラン21 TEL **03-6384-0778**
希望に満ちた生涯現役人生のために、年齢を問わず、多くの方が学んでいます。

NPO
活動支援

学校からのいじめ追放を目指し、さまざまな社会提言をしています。また、各地でのシンポジウムや学校への啓発ポスター掲示等に取り組むNPO「いじめから子供を守ろう！ネットワーク」を支援しています。

公式サイト **mamoro.org**
ブログ **mamoro.blog86.fc2.com**
相談窓口 **TEL.03-5719-2170**

政治

幸福実現党

内憂《ないゆう》外患《がいかん》の国難に立ち向かうべく、二〇〇九年五月に幸福実現党を立党しました。創立者である大川隆法党総裁の精神的指導のもと、宗教だけでは解決できない問題に取り組み、幸福を具体化するための力になっています。

党員の機関紙
「幸福実現NEWS」

TEL 03-6441-0754
公式サイト hr-party.jp

出版メディア事業

幸福の科学出版

大川隆法総裁の仏法真理の書を中心に、ビジネス、自己啓発、小説など、さまざまなジャンルの書籍・雑誌を出版しています。他にも、映画事業、文学・学術発展のための振興事業、テレビ・ラジオ番組の提供など、幸福の科学文化を広げる事業を行っています。

アー・ユー・ハッピー？
are-you-happy.com

ザ・リバティ
the-liberty.com

幸福の科学出版
TEL 03-5573-7700
公式サイト irhpress.co.jp

THE FACT
ザ・ファクト
マスコミが報道しない
「事実」を世界に伝える
ネット・オピニオン番組

Youtubeにて
随時好評配信中！

ザ・ファクト 検索